IN THE
COMPANY
OF WOMEN

自分で
「始めた」
女たち

「好き」を仕事にするための
最良のアドバイス&インスピレーション

グレース・ボニー

月谷真紀 訳
サシャ・イスラエル 写真

海と月社

IN THE COMPANY OF WOMEN
Inspiration and Advice from over
100 Makers, Artists, and Entrepreneurs
by Grace Bonney

Copyright ©2016 by Grace Bonney
Photographs copyright ©2016 by
Sasha Israel, except as noted in Appendix A.
Author photograph copyright ©2016 by
Christopher Sturman
Japanese translation rights arranged with
Workman Publishing Company, Inc.
through Japan UNI Agency.

2019年 5 月30日　初版第 1 刷発行
2025年 6 月14日　　第21刷発行

著者
グレース・ボニー
訳者
月谷真紀
編集協力
藤井久美子
装幀
Doug Turshen（日本語版アレンジ Y&y）
印刷
シナノ印刷株式会社
発行所
有限会社海と月社
〒180-0003　東京都武蔵野市吉祥寺南町2-25-14-105
電話0422-26-9031　FAX0422-26-9032
http://www.umitotsuki.co.jp

＊本書のコンセプトその他の剽窃に対しては、
　ただちに原書権利者に通報し、
　しかるべき法的手段に訴えます。

定価はカバーに表示してあります。
乱丁本・落丁本はお取り替えいたします。

©2019 Maki Tsukitani　Umi-to-tsuki Sha
ISBN978-4-903212-66-1

弊社刊行物の最新情報などは
以下で随時お知らせしています。
ツイッター @umitotsuki
フェイスブック www.facebook.com/umitotsuki
インスタグラム @umitotsukisha

あなたへ

「見たことがないものにはなれない」。これは、社会活動家マリアン・ライト・エデルマンのことばです。まったくそのとおり。だから私はこの本で、インタビューした女性たちの「ことば」と「姿」の両方を「見て」もらうことにしました。

2004年、「Design*Sponge」というウェブサイトを立ち上げたとき、私は「アートとデザインについて語る場がほしい」と思っていました。でもそのうち、「手仕事を発表するプラットフォームをつくりたい」と思うようになり、さらには「クリエイターの女性たちに、アドバイスやリソースを提供したい」と考えるようになりました。

そして10年前に、自分でビジネスを営んでいる女性クリエイターたちと、初めてのオフ会を開催しました。アメリカでは、女性経営者がまだ4割にも満たないことを知って、「なんとか変化を起こしたい」と思ってのことでした。

うれしいことに、このオフ会は大成功し、定例化したばかりか、地域支部がいくつもでき、そこから新しい会社や事業が生まれていきました。

この経験から私は、「多くの女性たちには、自分で会社を始めたいという意欲がある」、そして「まわりのサポートさえあれば、それが実現する可能性は大きく高まる」ということを思い知りました。

ビジネス系のイベントや本に登場する女性起業家はたいてい、若い白人女性たちばかりです。でももちろん、実際はそうではありません。有色人種の女性や、LGBTの女性や、心身に障がいのある女性たちもたくさんいます。

世の中にはもっとバラエティに富んだ、もっと多くの選択肢があることを知ってほしい——その願いが、本書の誕生へとつながりました。

この本には、とびきり個性的で才能あふれる女性が100人以上登場します。職種も年数も規模もいろいろなら、年齢も19〜94歳までといろいろです。でもどの女性も、努力と協力があれば輝けることを、全身であなたに示してくれています。

ページをめくるうちに、あなたはきっと「これは私だ」と思う人と出会うことでしょう。何かを発見したり、励まされたりもするはずです。

本書に出会ったのをきっかけに、今度はあなたが自分の夢を実現することを、心から楽しみにしています。

グレース・ボニー

目次

あなたへ　6

ダニエル・コールディング　11　｜　タニア・アギニガ　15　｜
マヤ＆テタ・ゴルゴーニ　18　｜　タヴィ・ゲヴィンソン　20　｜
ミシェル・クアン　23　｜　プリーティ・ミストリー　27　｜
ジョディ・パターソン　30　｜　リンダ・ロダン　35　｜　セルマ・ゴールデン　39　｜
サイ・ラウズ　42　｜　リサ・ハント　45　｜　アマリア・メサ＝ベインズ　49　｜
マレーネ・バーネット　50　｜　シェリル・デイ　53　｜　ジャネット・モック　57　｜
ジェネヴィーヴ・ゴーダー　58　｜
カーラ・フェルナンデス＆クリスティーナ・ランヘル　62　｜
サミン・ノースラット　65　｜　エリーズ・コーナック＆アナ・ヒエロニマス　68　｜
ケイト・ボーンスタイン　73　｜　カレン・ヤング　76　｜
クリスティーン・シュミット　80　｜　ロクサーヌ・ゲイ　85　｜
サラ・ニューバーガー　87　｜　ゴーリ・ナンダ　90　｜　メアリー・ゴーイング　95　｜
デジレ・アカヴァン　98　｜　ジャスミン・ライト　101　｜　リサ・フォラウィヨ　102　｜
クリスティ・ターリントン・バーンズ　105　｜　シズ・サルダマンド　107　｜
タオ・グェン　110　｜　オリンピア・ザニョーリ　113　｜　ハナ・ゲタッチュー　115　｜
キャメロン・エスポジート　119　｜　シャディ・ペトスキー　122　｜
アミーナ・ムッチオーロ　127　｜　ジャスティナ・ブレイクニー　128　｜
マヤ・リン　133　｜　イッサ・レイ　134　｜　アマダ・クルーズ　136　｜
リズ・ランバート　139　｜　マルティーヌ・ローズ　142　｜
フェイ・アンドラーダ　145　｜　フランセス・パーマー　148　｜
キャロリーナ・イベイド　153　｜　ニッキ・ジョバンニ　155　｜　リゾ　156　｜
シャナン・カンパナーロ　159　｜　レベッカ・ウッド　163　｜　カーラ・ホール　166　｜
ルイーズ・フィリ　171　｜　マリアム・パレ　174　｜　ジュリア・ターシェン　179　｜

ミコ・ブランチ　180 ｜ ホーピー＆リリー・ストックマン　183 ｜
ニーコ・ケイス　187 ｜ シベラ・コート　188 ｜ マイラ・カルマン　191 ｜
ウェンディ・マルヤマ　196 ｜ ローナ・シンプソン　199 ｜ クランシー・ミラー　200 ｜
ダナ・タナマチ　203 ｜ デビー・ミルマン　206 ｜
キャリー・ブラウンスタイン　211 ｜ ピン・ズー　212 ｜
ローラ・ジェーン・グレース　216 ｜ ヴェロニカ・コーゾ・デュカート　221 ｜
アビ・ジェイコブソン　225 ｜ ジュリア・ロスマン　228 ｜
ダニエル・ヘンダーソン　233 ｜ ジョアナ・アヴィレス　237 ｜
アリス・ランドール＆キャロライン・ランドール＝ウィリアムズ　241 ｜
アナ・ボンド　244 ｜ ドミニク・ブラウニング　249 ｜ アナ・セラーノ　251 ｜
アイリーン・フィッシャー　254 ｜ ジャシカ・ニコル　257 ｜
メアリー・ヴァーディ・フレッチャー　260 ｜ ランディ・ブルックマン・ハリス　263 ｜
リュバヴ・チョイ・デュエア　266 ｜ メアリー・ランバート　269 ｜
ジョイ・チョウ　272 ｜ ベサニー・イエローテイル　277 ｜ リン・アレン　278 ｜
シーラ・ブリッジズ　283 ｜ ティナ・ロス・アイゼンバーグ　284 ｜
アユミ・ホリエ　288 ｜ メリッサ・ハリス＝ペリー　293 ｜ クリスティーナ・ギル　296 ｜
ダイアナ・イェン　299 ｜ ジェニー・ジウン・リー　302 ｜ カーソン・エリス　307 ｜
ジョナ・トウイッグ　308 ｜ アシュレー・C・フォード　313 ｜
ジェシカ・マルケス　316 ｜ アニシュカ・クラーク　321 ｜
カーメン・アルゴーテ　324 ｜ マティカ・ウィルバー　327 ｜
ナタリー・チャニン　330 ｜ アーティ・セクエイラ　335 ｜
クレア・メイザー＆エリカ・セルーロ　338 ｜ キャスリーン・ハンナ　342 ｜
セイディ・バーネット　345 ｜ アニタ・ロー　346 ｜ アリエル・アラスコ　349 ｜

本書に登場した女性たち　352
写真提供クレジット　357
謝辞　359

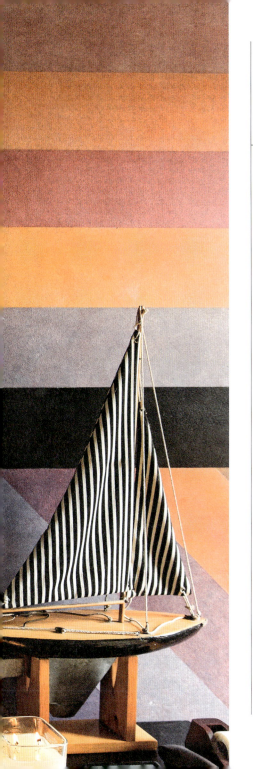

> 「成功するかどうかは
> すべて自分次第。
> 怖いときもあるけど、
> それが何よりの真理よ」

ダニエル・コールディング

インテリアデザイナー
(ニューヨーク市ブルックリン)

子どものころの夢は？
プロのダンサーになること。大学までダンスひと筋。その夢はかなって、ロバート・モーゼス・キン・ダンスカンパニーのプロダンサーになったの。

駆け出しのころ役立ったアドバイスは？
「自分が不得意だったり知識がなかったりしたら、専門家を雇えばいい」。全部自分でできなくてもいいと悟ったのは、目からウロコだったわ。

仕事場のお気に入りポイントは？
アートよ。壁の一面にはソル・レウィットのすばらしい壁画を、別の一面にはお気に入りの写真をいろいろ飾ってるの。仕事場は絶対に「豊かなほどいい」。ここにいると気分が上がる。今は夫と共同で使っているから、すっかり我が家の中心になったけど。夫が家でいちばん気に入っているのも、この部屋。

キャリアや仕事のために払った最大の犠牲は？
安心・安全。起業はリスク、毎日が不確実で冒険だから。自分で行動を起こさないかぎり何も起こらないし。成功するかどうかは、すべて自分次第。怖いときもあるけど、それが何よりの真理よ。

あなたにとって成功とは？

上質な人生。私にとって上質な人生とは、無難ではない選択をする自由があること。やりがいのあるプロジェクトを引き受けたり、1カ月間休暇をとって旅に出たり……。「選ぶ自由」こそ、究極の贅沢よ。

自分でビジネスを始めて得た最大の教訓は？

どんな内容だろうと、徹頭徹尾ビジネスとして向き合うこと。クリエイターでも、日常の実務を通してビジネスセンスは磨ける。この点がおろそかだと利益が出ず、利益がなければ創造の自由もなくなってしまう。私自身、ビジネスを始めてからずっと苦労している部分だけれど。

**自信をなくしたり逆境に陥ったときの
立ち直り法は？**

誰かに助けを求める。そういうときは人と話をしなくちゃ。問題を語りつくすのよ。自分の弱さを見せるのは平気。私にはピンチのときに頼れるすばらしいサポート陣、友だちや仕事仲間がいるから。

**自分らしく好きなことをしようと
奮い立たせてくれる座右の銘は？**

「世間の中で人々の意見に従って生きるのはたやすい。ひとりだけで、自分の心のままに生きるのもたやすい。だが、大勢の中で周囲と調和しながら自立した個人でいられる人こそ偉大である」。高校時代から大切にしているエマソンの言葉よ。ブレずに本心に従いなさい、と励まされた。

今の仕事を知ったのはいつ？　なぜ惹かれた？

私の家族は、みんないわゆる「審美眼」があるみたい。子どものころから家は家族のオアシスで、美しく整えることに全員がずいぶん時間を費やしていた。これが仕事になると気づいたのがいつだったかは覚えていないけれど、ダンサーを引退したあと、インテリアの世界に転じたの。創造的な仕事に携わっていたいとい

う思いは常にあった。人と関わるのも、問題を解決するのも、買い物も大好き。すべてが自然にかみ合って、今の仕事になったような気がするわ。

**世の中にもっとあってほしいものは？
減ってほしいものは？**

感謝の気持ちが増えて、独りよがりが減るといいわね。

自分の性格でいちばん自慢できるところは？

打たれ強さ。これまでの道のりは険しく、いろいろな経験をしたけど、まだ倒れてはいない。さんざん苦労した末に、成功と幸せをつかんだの。

**インスピレーションが必要なときや、
スランプから脱出したいときの特効薬は？**

旅ね。日常から離れると人は変わる。私の場合、旅に出ると活力やインスピレーションも次々と湧いてくる。創造性が刺激されるの。いつも私の心に火をつけてくれる魔法みたいなもの。

**長い1日の仕事を終え、
家に帰ってから楽しみにしていることは？**

愛犬のミアとのひととき。いつも大喜びでお出迎えしてくれるの。とろけちゃう。あの子は、今この瞬間を生きていて、出会うものすべてを楽しんでいる。生き方のお手本にしたいくらい。一緒にいると、本当に癒されるわ。

「誰もが参加できて
コミュニティを元気にする
──そんな意義ある仕事を
つくりだすのが、
私にとっての成功よ」

タニア・
アギニガ

家具職人＆デザイナー
(カリフォルニア州ロサンゼルス)

子どものころの夢は？

ずっと公務員志望だった。最初は学校の先生、次は宇宙飛行士。でも教室で「チャレンジャー」の爆発事故を生中継で見てしまって、すぐに気が変わったの。小学校を卒業するころは、消防隊員になる気満々だった。祖母が亡くなったとき、真っ先にその場に駆けつけてくれたのが消防隊員たちだったから。

駆け出しのころ役立ったアドバイスは？

「がんばるのではなく賢く働きなさい」。これをずっと守ってきた。そのためには、早い段階で状況を判断し、成功するかどうかを見きわめることが大事。「時は金なり」でしょ。ごり押ししないで、見込みがなければ手放すのよ。

仕事場のお気に入りポイントは？

私の仕事場は、地域のアーティスト共同体の一部なの。公私の区別なく付き合いがあって、ご近所さん同士で気軽にコラボしたり友だちになったり、お互いの仕事に手を貸している。仕事もアトリエ仲間からたくさんもらうし、私もできるかぎりお願いしている。

キャリアや仕事のために払った最大の犠牲は？

安定ね。自分でビジネスをやっているとリスクだらけ、振り回されることだらけ。とくに私の仕事は多角的なうえに、コミュニティと非営利事業に重点を置いているので、波がある。どうやって仕事を得て、資金調達して、うまくやり遂げるか……そのことにはいつも知恵を絞っている。私にとって大きな不安の種よ。

あなたにとって成功とは？

好きなこと──誰もが参加できてコミュニティを元気にする──そんな意義ある仕事をつくりだすのが、私にとっての成功よ。

夜眠れなくなるような不安や悩みはある？

お金の心配は絶えないわ。ビジネスとアート制作を続ける資金だけでなく、家族を養い、スタッフたちにきちんとお給料を出せるだけのお金も稼がないといけないから。そのうえ満足のいく仕事場を借り、無償のプロジェクトを引き受ける贅沢が許されるだけのお金も稼ごうとしてるしね。

自分でビジネスを始めて得た最大の教訓は？

創意工夫し、全力を尽くし、人にはやさしくし、常に改革していくこと。出会った人すべてに敬意をもって接し、ご縁を断ち切るようなことをしてはいけない。相手がのちのち自分のビジネスにどんな意味を持ってくるかわからないのだから。それから、デザインや編集をするときは自分に嘘をつかず、発想の源としての自分自身を掘り下げるべき。それによって作品に筋が通るし、大勢の中でも個性がきらりと光るから。

仕事で経験した最大の成功や誇りは？

アメリカアーティスト協会の手工芸・伝統工芸部門でフェローシップを獲得したこと。あんなすごい団体の会員に迎えられたなんてとっても名誉。その名に恥じない作品をこれからもつくらなきゃって励みになってる。

自信をなくしたり逆境に陥ったときの立ち直り法は？

スタッフ全員に実情を打ち明けて、一緒に困難に立ち向かうようにする。みんなで策を練り、前に進むの。私のビジネスはみんなのビジネスでもあるから、生活を直撃しかねない問題はオープンに話し合い、意見をもらうわ。

今の仕事を知ったのはいつ？ なぜ惹かれた？

私が生まれ育ったメキシコは、なんでも活用するのが当たり前だったから、自然に用の美としてのアートに惹かれた。18歳でひとり暮らしを始めたとき、最初に住んだアパートメントの一階がミッドセンチュリー家具のお店で、ある夜、ウィンドウから見えるその店の家具に興味を持ったの。そのあと、オーナーに無給で働かせてもらえないかと頼んだ。そんなわけにはいかないと断られたけど、大学で家具デザインを教えている女性がいるから、彼女の下で勉強したらいいと勧めてくれたのよ。それがきっかけでウェンディ・マルヤマ先生（196p参照）の下で家具デザインを学び、学士号を取り、さらに別のデザインスクールでロザンヌ・ソ

マーソン先生に師事してMFA（芸術系修士号）を取った。木工を学んでいた学部生時代にジュエリー制作と金細工、陶芸、織物の世界も知った。そこから、職人技や工芸が、文化や伝統やコミュニティや生活に多面的に関わっていることを研究するようになったの。

今の自分から見て、駆け出しのときこうすればよかったと思うことは？

経営学の授業を取って、コンピュータプログラムの勉強もして、奨学金を探して、それから、会計士も雇えばよかったわ。

あなたのモットーは？

「機能性を備えた作品は、公共空間と私的空間の役割を問い直すことができる」。デザインは、地域や文化を理解することに貢献できるし、それができるようなデザインは、後世までずっと残ると思うの。

憧れの、あるいは尊敬する女性は誰？

マルヤマ先生とソマーソン先生という家具デザインの第一人者に学べたのは、本当にラッキーだった。マルヤマ先生は、ゲイル・フレデルとともに、家具デザインで修士号を取得した初の女性よ。日系アメリカ人で聴覚障がいもあるのに努力を続け、家具デザインの世界で大きな影響力を持つ存在になられた。ソマーソン先生とは、学部長、教授、メンター、そして友人としてお付き合いできて光栄だった。先生は私のデザインの目標。その先生が、一貫して私を信じてくださった。家具デザイナーは手の届かない夢ではないって思うことができたのは、おふたりの導きのおかげなの。

> 「この仕事のペースで、
> デザインしながら
> 楽しむ時間も確保して、
> いろんなことができてます」

マヤ＆テタ・ゴルゴーニ

ファッションデザイナー
(ニューヨーク州ニューヨーク市)

子どものころの夢は？

マヤ：バレリーナか騎手。

テタ：8歳のとき、裏庭に段ボール箱で食料品店をつくったの。「お客さん」はきょうだいと近所の友だち。思えば、ビジネスオーナーになること、女性実業家になることは、私の長年の願いだったのね。

駆け出しのころ役立ったアドバイスは？

マヤ：「成長させるスピードを物理的、精神的、財政的に無理しない程度にとどめておきなさい」。この助言のおかげで、私たちの会社ロイヤル・ジェリー・ハーレムは、競争の激しい業界で創業した会社につきもののリスクを最小限にできて、5年経った今、借金も返済し終えました。

あなたにとって成功とは？

マヤ：私たちの服を着て満足したお客様から伝わる幸せ、それが私の成功の尺度です。

キャリアや仕事のために払った最大の犠牲は？

マヤ：何かを犠牲にしたという意識はありません。むしろ逆。大好きで楽しめることをやっていますから。これまでの人生は、この仕事を始めるための準備期間だったと思っているんです。最大の応援者でありロールモデルでもある両親に恵まれたのはとてもラッキーでした。

夜眠れなくなるような不安や悩みはある？

テタ：仕事を欲張らないように、毎日を楽しむ時間も予定に組み入れてる。だから夜はぐっすり眠れるのよ！

自分でビジネスを始めて得た最大の教訓は？

マヤ：うちのような小さな会社はとくに、1日で何もかもこなすには時間が足りなくて……。でもこの仕事のペースで、デザインしながら楽しむ時間も確保して、いろんなことができてます。

自信をなくしたり逆境に陥ったときの立ち直り法は？

マヤ：ママです。

テタ：自信をなくしたり逆境に陥ったりしたときは（あまりなかったけれど）、チームとして解決にあたる。徹底的に話し合うの。すると、たいてい誰かが解決策を思いつくのよ。

今の仕事を知ったのはいつ？　なぜ惹かれた？

マヤ：服づくりは母から習いました。私たち姉妹の服はすべて母のお手製だったの。14歳からはもう、自分でデザインして縫っていました。ずっとファッションのことばかり考えて生きてきて、仕事もこの業界内で渡り歩きました。ファッションモデル、スタイリスト、ファッションエディター、そしてデザイナー。ファッション好きはもう生まれつきですね！

自分の性格でいちばん自慢できるところは？

マヤ：意志の強さ。断られてもまずあきらめないところ、です。

娘マヤ（左）と母テタ

「時間を無駄にするのが
生理的にイヤ」

タヴィ・
ゲヴィンソン

ライター、雑誌編集者
(ニューヨーク州ニューヨーク市)

子どものころの夢は?
小学校の先生。女優とかけもちでね。

あなたのモットーは?
目の前にあることをやる。

仕事場のお気に入りポイントは?
窓辺のキッチンテーブルと隅にある落ち着けるデスクを行き来できるところ。

キャリアや仕事のために払った最大の犠牲は?
自由になるはずだった時間かな。放課後とか卒業後とか。でも、これがやりたかったことだから犠牲って感じはないわ。世間一般でいう自由な時間がないってだけ。

あなたにとって成功とは?
「気持ちや考えをきちんと表現してきた」ということ。

夜眠れなくなるような不安や悩みはある?
今日1日をもっと充実させられたはずなのに、とよく悩む。

自分でビジネスを始めて得た最大の教訓は?
サイトを見にきてくれる人の声は、しっかり受け止めなければならない。

ミスから学んで成功につながったことはある?
『Rookie』[訳注:ゲヴィンソンが創刊したオンラインマガジン]の読者とは常に対話するようになった。「もっと読みたい」「これはいらない」といった意見に耳を傾けて、いろんなことに気づくのはすごく貴重ね。

自信をなくしたり逆境に陥ったときの立ち直り法は?
ひとりで散歩する。日記をつける。あとは、ヨガ。

自分らしく、好きなことをしようと奮い立たせてくれる座右の銘は?
「人生とは、何かを欲しいと願って手に入れることでない。それは昔からわかっていた。私は真摯に、怒りながら、生真面目に、自分らしいやり方で『意義』を求めた」(ヴィヴィアン・ゴーニック[アメリカのジャーナリスト、エッセイスト])

仕事で経験した最大の成功や誇りは?
『Rookie』をまとめた『Rookie Yearbook』1〜4巻の出版。

自分の性格でいちばん自慢できるところは?
時間を無駄にするのが生理的にイヤ。今のままでいいのかっていう姿勢は、仕事にも役立っていると思う。

駆け出しのころ役立ったアドバイスは?
すべてにおいて
自分が主人公であれ。

1日のよいスタートを切るために、朝いちばんにすることは?
ポッドキャストを流してる。起きた直後から何かをしていたいし、人の声を聞きたいから。

長い1日の仕事を終え、家に帰ってから楽しみにしていることは?
『となりのサインフェルド』(人気TV番組)を観ながらシリアルを食べる。

憧れの、あるいは尊敬する女性は誰?
サリー・マン[訳注:1951年生まれのアメリカ人フォトグラファー]。

| 「仕事はシンプルにして、
それに打ち込む」

ミシェル・クアン

陶芸家、デザイナー
(ニューヨーク市ブルックリン)

子どものころの夢は？
サンフランシスコ郊外でひと夏を過ごした13歳のとき、いとこと「私は将来バイク乗りになる」「美術学校に行く」「結婚は一生しない」と言ってたわ。

仕事場のお気に入りポイントは？
以前のアトリエは本当に気に入ってた。ウィリアムズバーグの古いレンガ造りのビルにあってね。暖房も空調もなし。温度が一定まで上がると窯が止まるから、焼成の日は朝5時から夜11時までこもりきりだったけど。今は暖房、空調、シンクも床の排水口も完備してるから、いつも夜7時には焼成完了！

あなたにとって成功とは？
心が満たされてエネルギーが湧いてくる何かをすること。自分にとってどんな意味でも、どんな形でも。

1億ドルもらったら、ビジネスのやり方を変える？ 変えるとしたらどんなふうに？
教育や支援の団体と一緒に仕事をしたい。

自分でビジネスを始めて得た最大の教訓は？
仕事はシンプルにして、それに打ち込む。

ミスから学んで成功につながったことはある？
ミスは必ず何かにつながる。大きなミスが財産になったと気づくまでには何年もかかったけどね。たとえば昨日も、会計システムの「勘定科目」を眺めていて、

もっと早く変更できるようにコードをシンプルにしようと思い立ったんだけど、ここまで来るのにいったい何回ミスして、修正して、何時間かけてきたことか。
仕事で得た最大の成功や誇りは？
作品の制作でも販売でも、細心かつフェアであろうと努力していること。
あなたのモットーは？
「こだわらない」。そうでないと振りまわされるから。
クリエイティブ系のビジネスを始める人に勧めたい備えは？
経営の基本を学ぶ授業かワークショップを取るといいと思う。押さえておくべき基本のノウハウがあるから。それがわかっていれば、わざわざつらい試練を経験せずにすむ。

インスピレーションが必要なときや、スランプから脱出したいときの特効薬は？
読書。
これがなくてはやっていけない道具やモノや儀式はある？
道具は全部必要なものだけど、ここ数年はずっといいナイフを探してる。
憧れの、あるいは尊敬する女性は誰？
たくさんいるけど……パティ・スミス、マリリン・ロビンソン（アメリカの作家）、ペマ・ショードロン（アメリカ人チベット僧）、彼女たちの言葉はすばらしい。それから私の母、祖母、姉。

「私は私。他人の望みや
期待に沿う気はない。
自分の信念を守るためなら、
立ち上がって戦うよ」

プリーティ・ミストリー

シェフ
(カリフォルニア州オークランド)

駆け出しのころ役立ったアドバイスは？
パートナーから教えられた「自分を信じる」ってこと。このレストラン「ジューフー・ビーチ・クラブ」を始める前は、資金も投資家の後ろ盾もなかったけど、パートナーの彼女にとにかくやってみろって発破をかけられた。「誰かから100万ドル出してもらうのを待ってないで、とにかく飛び込んでみなよ」ってね。

仕事場のお気に入りポイントは？
レストランの調理場ってけっこうギスギスした現場になりやすいけど、うちは「人にやさしく」を信条にしてる。お互い手を貸し合うし、気にかけ合うし、ジョークを飛ばしても誰かを傷つけたりしない。幸せな職場だよ。あと、人に雇われない立場っていうのも幸せの鍵かな。

自分の性格でいちばん自慢できるところは？
私は私。他人の望みや期待に沿う気はない。自分の信念を守るためなら、立ち上がって戦うよ。

キャリアや仕事のために払った最大の犠牲は？
時間。パートナーとも仕事の話がほとんど。職場にいなくても常にすべてに責任があるから、24時間仕事の生活。自宅よ

りレストランにいるほうが落ち着くときもあるくらい。そのぶん、パートナーや友人や家族との時間は犠牲にしてる。

あなたにとって成功とは？

それをこのところずっと考えてたんだ。昔は経済的な自由を手に入れるのが成功だと思っていたけど、よく考えると、それって子どものころに植えつけられた思い込みだった。求めているのが本当にそれだけなら、投資銀行に勤めていたはず。いろんな人があなたは成功者だって言うけど、そうかなあ。まだまだやることがあるし、世の中にもっともっと貢献したい。自分にとって本当に成功と思えるのが「これ」とはっきりは言えないけど……いつかわかったら教えるね。

夜眠れなくなるような不安や悩みはある？

自分がニセモノじゃないかってこと。みんなの目をごまかして、実際以上にすごいと思わせているんじゃないか、と。

ミスから学んで成功につながったことはある？

私の人生がまさにそう。幸せなアクシデントの積み重ね。調理場ではミスがあるから工夫をするし、斬新な料理が生まれることもある。仕入れを忘れて別の素材で代用したり、焦がしちゃって新たなスペシャルが必要になったりね。それにミスのプレッシャーがあるから、創造性がいやおうなく発揮される。そのおかげで、もともとのアイデア以上に優れたものができる。

自信をなくしたり逆境に陥ったときの立ち直り法は？

Yelpみたいな口コミサイトで自分が大好きな、名店だとわかっているレストランが酷評されているのを読む。これ、ときどきやるんだ。自分にとって料理は、もはや瞑想みたいなもの。調理場に入って料理を始め、味見していると、なぜこの仕事をしているのかとか、これが人に喜んでもらえる仕事なんだってことを思い出してくる。

**ビジネスを始める前に考えておくべきこと
トップ3は？**

1）収入源が別にあるか。資金調達先、仕事上のパートナー、副業など。

2）ほかに得意だったり楽しめたりして、仕事にしても満足できることはないか。もしあるなら、それはビジネスじゃなくて趣味でいいかもしれない。

3）夢を実現するために誕生会や結婚式に欠席したり、休暇をつぶしたりする覚悟があるか。

**ビジネスのアイデアや自分がやりたいことに
気づいたのは、いつ、どこで？**

パートナーとサンフランシスコからパームスプリングスに向かって車で旅行している途中に。グーグルの総料理長を辞めたばかりで、骨休めにふたりで旅に出たんだ。インド料理を専門にしたいと思って、しばらく前から家で試作は繰り返していたけど、パソロブレスでワイナリー巡りをしている最中に、「ジューフー・ビーチ・クラブ」って店名がひらめいて、メニューやブランディングなど、残りの要素も次々と決まっていった。

憧れの、あるいは尊敬する女性は誰？

52歳の若さで亡くなったインド人の料理家ラジ・ジャレパリ。1990年代に、インドとヨーロッパの味覚と技法を融合させた先駆け的存在。15年前、料理の世界に入ったころに彼女の本を手に入れて、すごく影響を受けた。

「私の最大の財産は、
数字にもできないし、
真似もできない魔法。
いつも真っ先に
それで勝負するの」

ジョディ・パターソン

美容家
(ニューヨーク市ブルックリン)

子どものころの夢は？
小学校のときは学校の先生。ハーレムに私立の学校をつくった母の後ろをいつもついて歩いてた——私の目には、先生がいちばん崇高な職業に見えていたの。でも高校時代は、高層ビルの役員室で仕事する自分を思い描いていた。ダナ・キャランのシックなスーツを着て、ハイヒールを履いて、人の上に立つような仕事をしたいと思ってた。それが大学に入ってからは文学一辺倒……あのころは作家になろうと思っていたわ。

自分でビジネスを始めて得た最大の教訓は？
「勝者とは、立ち上がった敗者である」。これに尽きるわ。何かが欲しければつかみ取れ。自分のものにしろ。遠慮なんかしちゃダメ。

駆け出しのころ役立ったアドバイスは？
子どものとき父に言われたの。「きみの褐色の肌は本当にきれいだから、どこに行っても歓迎されるよ」。これは経営のアドバイスじゃないし、現実でもなかったけど、要は自分に自信を持てということよね。おかげでびっくりするくらい自信が

ついた。自分は魔法を持ってる、美しい、パワーがあると感じるようになったの。自分自身と自分のオーラへの信頼は、ビジネス界に入ってからも持ちつづけた。私の最大の財産は数字にもできないし、真似もできない魔法。いつも真っ先にそれで勝負するの。

仕事場のお気に入りポイントは？
ブルックリンのホームオフィスが主な仕事場で、自宅の壁を飾るアート作品が大好きなの。ほとんどがポートレート。知り合いもいればそうじゃない人もいるけど、どの人にも触発される。彼らを見てその人生、言葉、夢に思いをはせる。ソーホーの中心部にもオフィスを構えているけど、ごく私的な、でも生産性の高いホームオフィスがいちばんね。

キャリアや仕事のために払った最大の犠牲は？
起業して手放したのは「クッション」。デザイナーのザック・ポーゼンのPRディレクターだったときは、いくらでも経費が出たし、守られていた。でもどうしても夢を追いたくて、そこを辞めた。保険料を自分で負担するようになってから、もう何年も経つわ。今は家族の健康保険も自腹。民間の保険に入れなくて、メディケイド［訳注：公的医療保険制度］のお世話になっていた時期もある。じつは子どもたちは全員、民間の保険に入らずに産んだのよ。メディケイドの利用法を調べたり、親身になって時間を割いてくれるお医者さんを探したりするのは時間も労力もかかるけど、やるしかなかった。

あなたにとって成功とは？
夢のためなら
どこまでもやれる。
自分のしていることと
自分を好きでいるときは、
充実感がある。
私が心を満たすには、
子ども、パートナー、
ビジネス、健康、旅、
スピリチュアリティの6つが
必要。均等ではなくても、
毎日そのすべてに
関わることができれば成功。

1億ドルもらったら、ビジネスのやり方を変える？　変えるとしたらどんなふうに？
優秀な女性たちをもっとたくさん雇って、コンテンツ制作、マーケティング、事業開発、リサーチの分野で働いてもらうわ。それから、作家を招いて作品を朗読してもらおうかしら。ビジネスリーダーは健康と創造性の増進に努めなくちゃ！

ミスから学んで成功につながったことはある？
美容業界で起業した当初、ニューヨークの繁華街に店を出したの。ゴージャスな店舗で、世界の大小のブランドに脚光を当てる場になったわ。それが2006年。でもオープンからまもなく不況になって、人々の嗜好が変化して、私の店も売上が頭打ちになった。そして下降線をたどりはじめた。閉店してオンラインストアとして再開しなさいって何度もアドバイスされたわ。でもネットの世界なんて何も知らなかったし、お客様と縁が切れたとも思っていたから尻込みした。長い話に

なるから省略するけど、結局、閉店の数年後に美容サイト「DOOBOP」をオープンしたの。それが、今までの仕事人生でいちばん成功したものになったわ！

自信をなくしたり逆境に陥ったときの立ち直り法は？

5人の子どものママをやっているから、失望や失敗や修羅場には慣れっこ。もう人生の一部よ。そもそも私は、ほかの人にとって「マイナス要因」になるようなことで立ち止まらない。ほかの人より自信家、いえ、単に割り切りが早いのね。まずい状況になって物事が何ひとつ予定どおりに進まないときは、没頭できる何かを見つければいい。売上が伸びないときはウェブサイトのデザイン刷新をしたり、ソーシャルメディアの勉強をしたり、ブログを始めたり、エージェントを探したり、本を書いたりしたわ。骨のある仕事が私は好きだし、そういう仕事に取り組んだときは必ずうまくやってみせる。創意工夫できるかどうかは自分次第、できれば成長できる。だから夜遅くまで寝ずに、頭と手を動かしているわ。

今の仕事を知ったのはいつ？ なぜ惹かれた？

美容ビジネスというものを知るきっかけになったのは、マダム・C・J・ウォーカー。黒人でハーレムに住んでいたけれど、黒人女性向けの縮毛矯正剤を考案して財を成した女性。数十億ドル規模のヘア産業を切り開いた、美容起業家のパイオニアよ。自分の経験を通じて、黒人女性の自立を助け、ビジネスも成功させた彼女は、すごいビジネスセンスの持ち主よね。

自分の性格でいちばん自慢できるところは？

気に入っているところはふたつ。ひとつめは、あきらめないこと。絶対にね。自分より優秀な人はいつでもいる。でも、粘りとガッツと図々しさでは誰にも負けない。ふたつめのいいところは楽観主義。いつも希望を抱いて先を見ているの。

長い1日の仕事を終え、
家に帰ってから楽しみにしていることは？

いつでも簡単に、
私を笑顔にしてくれるのは、
子どもたちだけ。
あの子たちが、
私の肩の力を抜いてくれて、
本来の姿に
立ち戻らせてくれる。

「成功とは、
自分がやっていることに
情熱を感じられること」

リンダ・ロダン

スタイリスト、美容家
(ニューヨーク州ニューヨーク市)

子どものころの夢は?
人魚。
駆け出しのころ役立ったアドバイスは?
「経営学の授業を受けなさい」
仕事場でお気に入りの場所は?
自分のいるところがすなわち仕事場。というわけで、お気に入りの場所はもっぱら私の頭の中または自宅。
キャリアや仕事のために払った最大の犠牲は?
犠牲なんて払わなかったわ。ずっとすべてをキープしてきたもの。
あなたにとって成功とは?
成功とは、自分がやっていることに情熱を感じられること。
夜眠れなくなるような不安や悩みはある?
自分ではどうにもならないことを考えるとね……。
仕事で経験した最大の成功や誇りは?
とても長い期間にわたって人間関係を維持していること、かしら。

自分でビジネスを始めて得た最大の教訓は?
忍耐。

ミスから学んで成功につながったことはある?
人生ってほとんどが試行錯誤だと思うの。

だから少し自分に疑いを持っているくらいがちょうどいい。

自信をなくしたり逆境に陥ったときの立ち直り法は?
前に進みつづける。一歩踏みだせば次の一歩がわかる。良くも悪くもね。

自分らしく、好きなことをしようと奮い立たせてくれる座右の銘は?
「時間は海、でも岸にいたれば終わる」。ボブ・ディランの歌の歌詞よ。

今の仕事を知ったのはいつ? なぜ惹かれた?
肌に合う製品がどうしても見つからなくて、自分でつくったの。59歳のときよ。

クリエイティブ系のビジネスを始める人に勧めたい備えは?
自分ならではのビジョンと、自分ならではの想像力ね。

1日のよいスタートを切るために、朝いちばんにすることは?
愛犬とひとときを過ごして、おいしいカプチーノを飲む。

長い1日の仕事を終え、家に帰ってから楽しみにしていることは?
ひとりになること。

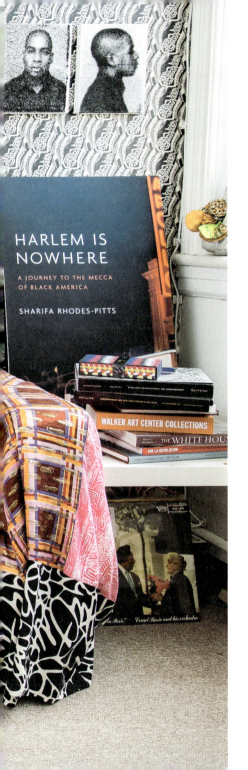

「好きなことと使命感が
一致すること。
これが私の成功の定義よ」

セルマ・ゴールデン

美術館館長、チーフキュレーター
(ニューヨーク州ニューヨーク市)

子どものころの夢は？
キュレーター！　小さいころから美術館のとりこだった。アートやアーティストが教えてくれる、ものの見方の多彩さに魅せられていたの。

クリエイティブの世界にいる女性のどんなところに憧れる？
私はいつもアーティストに触発される。アーティストって人間の創造力を突きつめた人たちだから。とくに、彼らの冒険心と問いかける力にはおおいに憧れるわ。

あなたにとって成功とは？
好きなことと使命感が一致すること。これが私の成功の定義よ。

仕事場のお気に入りポイントは？
アーティストとの共同作業がすべて形になって表れているところ。スタジオ・ミュージアムの歴史が、出版物や作品として体現されているの。

キャリアや仕事のために払った最大の犠牲は？
趣味というものを、ついぞ持てなかったことね。

ミスから学んで成功につながったことはある？
何かを決断するたびに、必ず学びの機会はあると思う。ときには、決断を誤って泣かされることもある。それはミスと呼

39

べるのかもしれないけれど、私は学びの機会と考えたいわ！

夜眠れなくなるような不安や悩みはある？

発想を変えて、
悩みは新しい何かを
つくりだすチャンスだと
思いたい。
そうすれば、
気力がみなぎってくる。

自分らしく、好きなことをしようと奮い立たせてくれる座右の銘は？

「私は慎重で、恐れない。何ものも」（オードリー・ロード［アメリカの作家、フェミニスト、公民権活動家］）

インスピレーションが必要なときや、スランプから脱出したいときの特効薬は？

夫のデュロ・オロウ。彼は才能あふれるファッションデザイナーなの。

10〜20年前の自分に教えてあげたいことは？

「目の前に立ちはだかって見える障害は、時間が解決してくれる」

あなたのモットーは？

「今いるところから始めなさい。持っているものを使いなさい。できることをやりなさい」［訳注：黒人テニスプレイヤーの先駆者、アーサー・アッシュの言葉］

ビジネスのアイデアや自分がやりたいことに気づいたのは、いつ、どこで？

さんざん美術館に通った末に、キュレーターになろうと決心したの。10歳のとき、友人から「マスターピース」というボードゲームをもらったのをよく覚えている。その中にシカゴ美術館の収蔵作品の複製が入っていた。ゲームには興味がなかったけれど、カードを何度も並べ替えては、

「展覧会」を構成するのがとっても楽しかった。

世の中にもっとあってほしいものは？

世の中はもっと
アートを活用しなくちゃ、
といつも考えてる。

これがなくてはやっていけない道具やモノや儀式はある？

125丁目を歩いて、ハーレム界隈の空気に浸りながら通勤するのが大好き。この歴史ある、活気に満ちて、多様性に富んだ街に刺激をもらっているし、ここを住まいと職場にできて、本当に幸運よ。

憧れの、あるいは尊敬する女性は誰？

ミシェル・オバマ。

自信をなくしたり逆境に陥ったときの立ち直り法は？

仕事をして、
困難をくぐりぬけて、
結果を出し、
輝いている師や、友人や、
仕事仲間の顔を
一人ひとり思い浮かべる。
みんなの生き方から
大きなヒントをもらうの。

「私にとっての成功とは、この世から肉体が去ったあとに残る遺産」

サイ・ラウズ

ランジェリーデザイナー
(ニューヨーク州ロングアイランド)

子どものころの夢は？

アーティスト、獣医、弁護士……いろいろ憧れた。大学時代に獣医に的を絞ったけど、動物病院で働きはじめて3年、ある日犬に顔をかまれて、その翌日に今度は猫に襲われた。それで、あっというまに志がしぼんじゃった！

**駆け出しのころ役立った
(または無視して正解だった) アドバイスは？**

無視して正解だったアドバイスは「トランスジェンダー［訳注：生まれたときの性を転換した人］のコミュニティにマーケットなんてない。時間の無駄だよ！」。

仕事場のお気に入りポイントは？

自宅に仕事場があるってこと。ラッキーなことに今の家は、安心をもたらし、やる気をかき立ててくれる。しかも「オフィス」までの通勤は一瞬だしね。

キャリアや仕事のために払った最大の犠牲は？

投資した自分のお金かな。手持ちのお金は全部クリサリス・ランジェリー［訳注：サイが創業したトランスジェンダーのためのランジェリーメーカー］に注いだから。家賃も払えなかった時代があったのよ。

あなたにとって成功とは？

成功の定義は人それぞれ。私の場合は、この世から肉体が去ったあとに残る遺産。

誰かの役に立ったか？　自分のコミュニティや社会に貢献したか？　よ。

夜眠れなくなるような不安や悩みはある？

私の最大の課題は、仕事で他人を信頼することかも。

**自信をなくしたり逆境に陥ったときの
立ち直り法は？**

自信をなくすと力が出なくなるけど、逆境に陥ったときは生き生きする！　そういうときは、自分を「底辺から這い上がる人間」だと考えるの。世界中が敵で自分の頼りはこの身と意志の力だけだって。スーパーヒーローってまさにそれでしょ！　いじめられっ子だったときに奮起したことも思い出す。子どもの自分ができたんだから、こんなの何でもない！　って思えてくるから。

仕事で経験した最大の成功や誇りは？

最も価値ある資源は自分自身だと気づいて、評価できたこと。

**インスピレーションが必要なときや、
スランプから脱出したいときの特効薬は？**

履きやすい靴を履いて、ひたすら歩く！　イーストビレッジを出発点に、スパニッシュハーレムの116丁目まで。ニューヨークはインスピレーションの宝庫ね。

憧れの、あるいは尊敬する女性は誰？

私はすべての女性を本気で尊敬してる。女性のすごさを知ったのは大学1年のときの社会学入門の授業。「女性の生活を変えれば、家族の生活が変わる。家族の価値観が変われば、世界ががらりと変わる」と教わったの。トランスジェンダーとして生きている私にはわかる。何かにつけ女性を陰らせる世の中で輝いていられること自体が、もうそれだけで、偉業よ。

「たいていは、
心の中の声が瞬時に、
自分が求めているもの、
必要としているものは何か、
信用できるのは誰かを
教えてくれる。
私はその心の声を
大切にするようにしてるの」

リサ・ハント

デザイナー、アーティスト
(ニューヨーク州ブルックリン)

子どものころの夢は？

バレリーナ、『ソリッド・ゴールド』[訳注：トップテンの曲に合わせてダンサーが踊るTV番組]のダンサー、大工さん、バスの運転手。祖母に「アーティストになりたい」って言ったら「飢え死にするよ」と言われてトラウマになったわ！　もうひとつ覚えてるのは、自分の部屋の窓から隣の家の新築工事を見ていたときのこと。大工さんがレンガを積んで壁ができていくのを見ているうちに、一日じゅう外で日を浴びながら土まみれになって家をつくるって、なんてすばらしい仕事なのって思った。世の中の役に立つものを自分の手でつくりあげるなんてすごい！　って。今、さんさんと日差しの入るアトリエに座って、自分の手で、家で使うもののデザインや制作をしていると、あのころの大工さんへの憧れをふと思い出すわ。

駆け出しのころ役立ったアドバイスは？

挙げるとしたら「何を手がけ、それにどれだけ時間を捧げるつもりかを明確にしなさい」かしら。

キャリアや仕事のために払った最大の犠牲は？

時間ね。のんびりできる時間、家族や友人との時間、自分の時間。

あなたにとって成功とは？

今の立場に感謝しながら、夢に向かって努力できること。旅の過程を楽しまなくちゃ、短い人生、もったいないでしょ。

夜眠れなくなるような不安や悩みはある？

子どものころはすごく内気だった。父が空軍で転勤が多かったせいで、いつも「転校生」だったからかも。今でも、ともすれば内向的になることがある。私なりの対処法は、今も昔もまわりに溶け込んで観察すること。ビジネスオーナーとして、人脈づくりやお客様とのつながりが大切なのはわかっているから、日々、意識的に取り組んでいる。

自分でビジネスを始めて得た最大の教訓は？

直感を信じること！　あれこれ考えてしまったせいで間違いを犯してしまった、と後悔するのは最悪ね。女性ってあれでよかったのかと考え直したり、他人に指示を仰ごうとするのが習い性になっているでしょ。でもたいていは、心の中の声が瞬時に、自分が求めているもの、必要としているものは何か、信用できるのは誰かを教えてくれる。私はその心の声を大切にするようにしてるの。

自分らしく、好きなことをしようと奮い立たせてくれる座右の銘は？

母からいつも言われていた「自分に誠実であれ」という言葉。自分の会社を構想するときも助けてくれた。今でも本当の自分を知って、うんと愛してあげるのは

大事！ 自分を尊重して、友だちになって、支えて、休みが必要なときは休ませてあげて、無条件の愛を注ぐの！

あなたのモットーは？
「あまり深刻にならず、笑うことと楽しむことを忘れない」

長い1日の仕事を終え、家に帰ってから楽しみにしていることは？
ソファでのひととき！ 15年ほど前に買って、今でもお気に入りなの。大きくてふかふかで、うたた寝に最高。いいときも悪いときも、ずっと私を見守ってくれている。

1日があと3時間増えたら何をする？
長時間机の前で過ごしているので、もっと体を動かしたい。自転車に乗ったり、散歩をしたりする程度でもいいから。

自信をなくしたり逆境に陥ったときの立ち直り法は？
立ち直りのよさが私のとりえ！
「不安でも
とにかく飛びこもう。
間違ったり
判断を誤ったりしても
解決する知恵はある」
と思える自分を育ててきた。
昔からそうだったわけじゃないわよ。
まあ、年の功ね。

「私のモットーは、ラ・クルトゥーラ・クーラ（文化は人を癒す）」

アマリア・メサ＝ベインズ
アーティスト、キュレーター、作家
（カリフォルニア州サン・フアン・バウティスタ）

子どものころの夢は？
昔からアーティストになりたかった。

駆け出しのころ役立った（または無視して正解だった）アドバイスは？
自分の作品だけに集中して、ほかのアーティストについて言及するのはやめなさい、と言われたことがあるけど、これは的はずれだったわ。ほかの女性アーティストたちの作品の理解に努めたことは、本当に勉強になった。

キャリアや仕事のために払った最大の犠牲は？
時間かな。教える仕事と家庭との合間を縫って作品制作に取り組んでいるから。

あなたにとって成功とは？
若いころは、大規模で格式ある展覧会に出品するのが成功だと思っていた。でも、今はアート作品でも著作でも、自分の作品が若い世代にとって価値あるもの、のちに残るものになるのが成功だと感じる。

自分でビジネスを始めて得た最大の教訓は？
あらゆる仕事で学んだのは、やると決めたらそれを守り通すことと、友人や仕事仲間とのネットワークづくりの大切さね。

ミスから学んで成功につながったことはある？
知的活動をして弾圧された17世紀のメキシコ人修道女、ソル・フアナ・イネス・デ・ラ・クルスの書斎をイメージしたインスタレーションに取り組んでいたときのこと。大きな三面鏡の裏面を一部削り取って、絵の一部分を浮かび上がらせようとしたら、その鏡が床に落ちて割れてしまったの。ちょうど彼女の額の部分。元通りにはしたけど、指を切って血の跡が残った。どうか受け入れてもらえますようにと祈るような気持ちで作品を送りだしたわ。そうしたら、美術館のキュレーターにとても高く評価された。修道女の苦悩を表現するために意図的にそうしたと思われたみたい。結局、作品をまるごと買い取ってもらって、今にいたるまで、私の代表作のひとつなのよ。

仕事で経験した最大の成功や誇りは？
1995年に『ドロレス・デル・リオの祭壇』［訳注：ドロレス・デル・リオはメキシコ出身の女優］という作品がスミソニアン・アメリカ美術館に買い取られたことと、1992年にマッカーサー・フェローシップを受賞したこと。

世の中にもっとあってほしいものは？
思いやりと正義。

あなたのモットーは？
私のモットーは、ラ・クルトゥーラ・クーラ（文化は人を癒す）。

これがなくてはやっていけない道具やモノや儀式はある？
朝のコーヒータイムと、夜の瞑想と祈り。

憧れの、あるいは尊敬する女性は誰？
私が師と仰ぐヨランダ・ガルフィアス・ウー先生［訳注：サンフランシスコのテキスタイルアーティスト、メキシコ民俗研究家］。壁画家のジュディ・バカ。それからカリビアン・カルチュラル・センターのディレクター、マーサ・モレノ＝ヴェガよ。

「毎日、成功を実感してる。朝起きたときから大好きなことをしているんですもの」

マレーネ・バーネット

テキスタイルデザイナー
(ニューヨーク州ブルックリン)

子どものころの夢は？

小学校3年生のとき、母にアートの才能がある子どもたち向けのプログラムに入れられたの。そこでバイオリンとピアノとダンスを習った。当時は本気でダンサーになりたかった。結局、バイオリンとピアノはやめて、本当に好きなこと――アートを見つけてからは、ダンスも趣味に落ち着いたけど。

駆け出しのころ役立ったアドバイスは？

私の会社「マレーネB」は、自己資金だけで始めた。数年経って、エンジェル投資家に成長戦略を発表したけれど、投資家のひとりに、このまま投資家とは手を組まずに続けなさいと助言された。「当てたら利益が全部あなたのものになるから」って。彼女のアドバイスは今も生きてるわ。おかげで会社は成長を続けていて、その実りを収穫できてる。

仕事場のお気に入りは何？

ブルックリンのホームオフィス。クイーン・アン様式のタウンハウスで、3つめのベッドルームをオープンなロフトスペースに改装したの。壁をタンジェリンオレンジに塗ったから、真冬でも気分は夏よ。

あなたにとって成功とは？

目的のある人生を送っていること。毎日、成功を実感してる。朝起きたときから大好きなことをしているんですもの。私の仕事や生き方が、ほかの人が好きなことで生きていくための背中を押すきっかけになったら最高ね。

自分でビジネスを始めて得た最大の教訓は？

美しい製品をつくるのはすばらしいこと。でも、売れなければそれはビジネスではなく趣味だと学んだ。デザインビジネスとは、最高のデザインを創造することではなくて、「こういう生活がしたい」と望んでいる人々にデザインで解決案を出すことなの。それがわかってからは、制作に自分個人の好みを持ちこむのをやめた。自分の才能は、世界という大きなコミュニティと分かち合う道具だと考えるようになったわ。

自分らしく好きなことをしようと奮い立たせてくれる座右の銘は？

「準備がチャンスに出会って成功が生まれる」。仕事でどんなチャンスが来ても応じられるよう、備えを怠らないようにしているわ。

これがなくてはやっていけない道具やモノや儀式はある？

iPhone。ファイルへのアクセス、ソーシャルメディアへの投稿、写真撮影、音楽の視聴……これで何でもやってるから。モバイル端末がなかった時代はどうしてたのかしら。

1日があと3時間増えたら何をする？

お気に入りのレゲエとソカの曲をかけて、気の向くままデザインしてみたい。

「本当の自分であること。
成功するためには
自分を変えなきゃなんて
思わないこと」

シェリル・デイ

パン職人、料理書著者
(ジョージア州サバンナ)

子どものころの夢は？
役者、フォトグラファー、作家。物心ついたときから表現の世界で生きたいと思ってた。

駆け出しのころ役立ったアドバイスは？
姉が、もう根っからの起業家だったの。ビジネスについても人生についても、大事なアドバイスの多くは姉からもらったわ。その姉に「方針をコロコロ変えるな」って言われた。店を始めたばかりのころは、夕方になって客足が途絶えると、朝早くから働きどおしだからつい、「本日の営業は終了しました」の看板を出したくなる。そういうときに、姉の言葉を思い出してた。オーナーが甘えを見せないってとても大事なアドバイスだと思う。店を開けている時間にしろ、ブログの投稿頻度にしろ、お客様に「ここはあてにできる」とわかってもらわないと。評判を固めてビジネスを成長させるには、ぶれないことがいちばんだと思うわ。

仕事場のお気に入りポイントは？
それはもう、この店まるごとよ！　ここには私らしさが出てる。サバンナの古い建物から引き取ってきた工房の大きな窓

から調理場まで、すべて自分たちでつくりあげた。こんなスペースで働けるのは幸せだし、贅沢なことよ。

あなたにとって成功とは?

「礎を築いてくれた代々の女性たちの誰よりも多くのことを、自分の代で達成した」という実感ね。彼女たちが望むべくもなかったチャンスに、私は恵まれた。ここまで来た私を見たら、みんな誇りに思ってくれるはず。始まりは曾祖母のマディなの。アラバマ州出身の腕のいいコックで、事業を興す才覚があった。何よりプロ意識が徹底していた。

夜眠れなくなるような不安や悩みはある?

私は寝る前に、翌日のスケジュールをおさらいするの。すべてスムーズにいくように。スタッフに欠員はないか? 昨日より上手につくるにはどうしたらいいか? 明日必要なものの仕入れを忘れていないか? そんなことを考えているから、なかなか寝つけないのよ。

自分でビジネスを始めて得た最大の教訓は?

本当の自分であること。成功するためには自分を変えなきゃなんて思わないこと。親友の「自分の行く道を選んだら、あとはひたすら成功を見すえること」っていう言葉も気に入ってる。

自信をなくしたり逆境に陥ったときの立ち直り法は?

先に進もうとするポジティブなエネルギーの持ち主とだけ付き合う。否定的なことばかり言う人は、まわりに置かないの。

自分の性格でいちばん自慢できるところは?

昔から、何でも先駆けてやる人間だと言われてきたわ。流行りに鼻が利くのね。

仕事で経験した最大の成功や誇りは?

公私ともにパートナーとなった最愛の人に振り向いてもらえたこと。ふたりで料理書を書き、それがベストセラーになって、食のひとつのスタンダードをつくり、ジェームズ・ビアード賞[訳注:料理界のアカデミー賞といわれる]の優秀パン職人部門の候補に選ばれたこと。そのすべてをわずかな予算でやってのけたことが誇りよ。

クリエイティブ系のビジネスを始める人に勧めたい備えは?

師になる人を探すなり、どこかに弟子入りするなり、職業団体に加入するなり、どんな方法でもいいから、めざす職業の文化をとことん吸収することを勧めるわ(ビジネスとしての側面を勉強するのも忘れちゃだめ!)。自分をよく見つめて、やりたい分野で成功するために必要な資質は何かを、率直に評価するのも大切ね。

あなたのモットーは?

「なるようになるさ」。物事が思いどおりに進まなかったとしても、この先に必ずもっといいことが待っている、と達観するようになった。

長い1日の仕事を終え、家に帰ってから楽しみにしていることは?

夫と愛犬と過ごす、くつろぎタイム。私にとって家族はすべて。かけがえのないものなの。

憧れの、あるいは尊敬する女性は誰?

南部料理の重鎮、エドナ・ルイス先生。私は、南部料理を歴史に埋もれさせないよう尽くされた先生をお手本に、南部の伝統を受け継ぐパン職人になろうと志した。私も誰かにとってそんな存在になれたらいいな。

1日があと3時間増えたら何をする?

この仕事を始めて失った自由な時間を取り戻したい。

> 「女性は、適応し、
> 同化し、溶けこむよう
> しつけられるけど、
> その圧力をはね返して、
> 出る杭になる女性には
> 魅了されるわ」

ジャネット・モック

作家、TV 司会者
(ニューヨーク州ニューヨーク)

子どものころの夢は？
若いときは弁護士になりたいと思ってた。さわやかな弁舌とタイトスカートで、ばっさばっさと敵を切り捨てる正義の味方に。『アラバマ物語』のグレゴリー・ペックと『アリー my Love』に影響されたのね。

**クリエイティブの世界にいる女性の
どんなところに憧れる？**
人と違うことをし、人と違う自分でいられる勇気のあるところ。女性は、適応し、同化し、溶けこむようしつけられるけど、その圧力をはね返して、出る杭になる女性には魅了されるわ。

あなたにとって成功とは？
私は次の質問で成功を定義してるの。作家業では「自分をさらけ出し、自分らしさを失わず、どんなことがあろうと真実を語れるか？」、司会業では「ゲストが安心して本音を語れる空間をつくれるか？」

仕事で気に入っていることは？
思うところを発言し、真実を見せ、世の中に自分を知ってもらう無限の可能性が持てること。エッセイ、台本、本……なん

でもいいの。

キャリアや仕事のために払った最大の犠牲は？
時間の犠牲は大きいわね。友だちや愛する人たちとゆったり過ごす時間がとくに。仕事が発展してからは、自分のための時間や友人・家族との時間を意識して確保するようになったわ。

ミスから学んで成功につながったことはある？
物書き稼業を始めた当初、あけすけにぶっちゃけすぎたのは失敗だった。でも、そのおかげで、「本当に人に知られる覚悟ができるまでは、自分のすべてを世間に公表するものじゃない。明確な線を引かなければならない」と学んだわ。

夜眠れなくなるような不安や悩みはある？
自分は十分にやれているか？　自分の仕事は本当に価値があるのか？　という不安は常にある。同じような思いの人は多いし、そう思うのはかまわないのよ。ただ、のさばらせてはいけない、とだけいつも自分に言い聞かせている。自分や自分の仕事の立ち位置を把握しておくために、たまに思い出すくらいがいいの。

**自信をなくしたり逆境に陥ったときの
立ち直り法は？**
ありのままの私以上のものを何も求めない人たちの中に身を置く。こんな私でも、いえ、こんな私だからこそ愛してくれているひと握りの人たちの中に。

**世の中にもっとあってほしいものは？
減ってほしいものは？**
もっと人の話に耳を傾けて、自分がしゃべるのは少し控えるべきじゃないかしら。

「発想が枯渇するのは
まったく心配してないわ。
心配なのは、発想したことを
すべて実現するのに
一度の人生では
足りないんじゃないか
ってこと」

ジェネヴィーヴ・ゴーダー

インテリアデザイナー、TV司会者
(ニューヨーク州ニューヨーク)

子どものころの夢は？
ダンサーと皮膚科のお医者さん。自分はダンスの天才だと思ってたし、何でもちょんちょんつっつくのが好きだったから。5歳のときには、このふたつを合体させて「踊れるお医者さん」と答えていた。

駆け出しのころ役立ったアドバイスは？
数え切れないほどあるわ。デザイン学校に通っていたころ、先生から「アイデアを必ず5つは出しなさい。最初のいくつかは誰からも出てくる。問題は5つめ、6つめ、7つめのコンセプト。非凡な境地、自分ならではの境地にまで踏みこむのが大事。宝はそこにある」と叩きこまれた。これは琴線に触れたわ。それから、あるTVプロデューサーに言われたことも役に立った。「会話がとぎれてもトークで埋めるな。不安になるくらい沈黙が長引いても、果物のように熟すのを待つこと。相手が本音を出すのはそのときなんだ」

仕事場のお気に入りポイントは？

建物も立地も関係ない。ただ自分のものというだけで気に入ってる。ふだん、自分と、自分のデザインと、自分の時間をさんざん世間に提供しているけど、ここでは無言でいられる。評価の目にさらされず、子どものころやデザイン学校時代のように制作にかまけていられるの。

キャリアや仕事のために払った最大の犠牲は？

時間と私の20代。好きなもののために何かを失うことを犠牲とは言いにくいけど、職業柄、出席をあきらめた大切な家族のイベントや出来事はたくさんある。テレビの仕事をしていると私生活はない。でもそのおかげで、ほかの職業ではありえない豊かな経験ができるのよね。

あなたにとって成功とは？

こういう難しい質問、大好き。いちばん単純な答えは、「自分のイマジネーションを形にして、一度の人生で可能なかぎりたくさんの人にそれを手渡せること」ね。発想が枯渇するのはまったく心配してない。心配なのは、発想したことをすべて実現するのに一度の人生では足りないんじゃないかってこと。

夜眠れなくなるような不安や悩みはある？

やりくり。全部を同時進行させながらどれも完璧にやるにはどうしたらいいか。

自分でビジネスを始めて得た最大の教訓は？

成長するには背伸びが必要ということ。それから、仕事の能力だけでなく、人柄のよい人をまわりに置くこと。人間性が伴わないと、スキルもかすんでしまうから。

ミスから学んで成功につながったことはある？

私はつい何でも引き受けてしまう。頑張りたい、人に喜ばれたい、満足してもらいたい一心で。でもそんな調子じゃ壊れちゃう。母親になって、またデザイン業界で経験を積んだ今は、ノーと言うことを覚えたわ。「ノー」の力はすごい。仕事や人生のバランスがとれるようになったし、もっと価値のあるオファーがくることも増えた。ノーが言えるようになったら、あなたの価値もきっと上がる。

今の仕事を知ったのはいつ？ なぜ惹かれた？

80〜90年代初めにかけて、わが家はミネアポリスでビクトリア様式の家をいくつも改修しては住んでいた。身近にインテリアデザイナーなんていなかった。でも、外交官をめざして国際関係を学んでいた大学時代に、たまたまグラフィックデザインを履修して、雲が切れて光が差した心地になった。18歳で一生の仕事に出会ったの。デザイナーって、至高の美のオーケストラの指揮者みたい！ と思った。すべてがそこにあった。その気持ちは、今も変わらない。

クリエイティブ系のビジネスを始める人に勧めたい備えは？

1）ソーシャルメディアを使いこなす。情報を発信したり上手に宣伝したりするのに最高に威力を発揮するツールだから。表現の世界でビジネスをするなら毎日一定の時間をSNSに割くべきね。あと、仕事を学ぶために、同じ分野の超一流の人たちをフォローすること。

2）嫌なやつとは付き合わない。仕事相手や採用するスタッフから性格の悪い人は排除する。意地悪な人を我慢するには人生は短すぎる。自分も人にはやさしく。仕事にもそれが表れるから。

3）旅をして充電する。クリエイターは、誰よりも見る目を磨く必要がある。新しいものを見ていないと、マンネリになる。旅は贅沢じゃなくて必須よ。

「人生はアドリブの連続。
頭をやわらかくすれば
創造力が生まれる」

カーラ・
フェルナンデス＆
クリスティーナ・
ランヘル

ファッションデザイナー
(メキシコ、メキシコシティ)

駆け出しのころ役立ったアドバイスは？
クリスティーナ：「我慢強く、謙虚であれ」
と「忠告してくれる人をそばに置きなさ
い」。
カーラ：14歳のとき、両親に言われた「夏
はアルバイトしなさい」。欲しいものを自
分で買えるようにって。おかげで、ずい
ぶん若いうちから仕事を持つ大切さを学
んだわ。

仕事場のお気に入りポイントは？
クリスティーナ：独特の散らかり方をして
いるところ。人生はアドリブの連続。頭
をやわらかくすれば創造力が生まれるっ
てことを、この仕事場が思い出させてく
れる。

キャリアや仕事のために払った最大の犠牲は？
クリスティーナ：経済的な安定ね。ラッキ
ーなことに最初の数年間は家族が経済的
な支援をしてくれたから、思い切って起
業できたけれど。
カーラ：昼も夜もなく仕事の生活だし、休
みのときも、つい何でも仕事に絡めてし

まう。でも本当に好きな仕事ができてつ
くづくラッキー。犠牲も喜びに変わって
しまうくらいに。

あなたにとって成功とは？
クリスティーナ：最初から私たちは成功す
ると思ってた（もうある程度は成功して
いるかしら）。わがメキシコの文化遺産が
私たちの最も貴重な財産。もしも、自分
たちの努力と同じくらい、この文化圏の
人たちの支援があれば、みんなが夢みて
いる、公正で誠実で質が高くて多様性に
富んだメキシコが実現できるはずよ。

**自信をなくしたり逆境に陥ったときの
立ち直り法は？**
クリスティーナ：いつも最後は、忘れがち
な真実を自分に言い聞かせてる。たとえ
失敗して、この会社が成功しなくても、
私は大丈夫って。失敗は人生の一部。こ
の会社に注ぎこんだ年月からとても多く
のことを学んだのだから、進路を変えた
としても、それが成功への足がかりにな
るはず。
カーラ：私たちのプロジェクトのために
働いてくれている人たちのことをひたす
ら考える。自分たちを含めたみんなの力
にどれだけ頼っているかを。力を合わせ
て助け合うために私たちはここにいるん
だ、って。

**今の自分から見て、駆け出しのとき
こうすればよかったと思うことは？**
カーラ：あと10年早く、パートナーのク
リスティーナを探していればよかったと
思うわ。

クリスティーナ (左) とカーラ

「やることをあえて限定して、うまく力を発揮している姿は参考になるわ」

サミン・ノースラット

シェフ、料理書著者
(カリフォルニア州バークレー)

子どものころの夢は?
小さいころ、同居していた叔母のジバが大好きで憧れだったの。ジバは大学図書館でアルバイトをしていた。だから私も将来は図書館の仕事をしたいって思ってた。でも、高校時代に出会った先生によって人生が変わった。先生は生まれて初めて出会ったフェミニスト。タイヤ交換のしかた、自然を愛する心、権威を疑うことを教わった。『ニューヨーカー』の定期購読と「きみには書く才能がある」という言葉も先生がくださった。それ以来、私の夢は作家。料理の道に入ってからも、本を書く夢は捨てなかったわ。

クリエイティブの世界にいる女性のどんなところに憧れる?
線引きができるところ。私は仕事の線引きがなかなかできなくていつも苦労している。表現の世界で成功している女性たちが、やることをあえて限定して、うまく力を発揮している姿は参考になるわ。

仕事場のお気に入りは何?
調理場に勢ぞろいしている、美しさと機能性を兼ね備えた道具。これらを見ると料理心を刺激される。世界中から集めたのよ。木のスプーンはキューバとメキシ

65

コから。真鍮と銅製のパスタメーカーはイタリアから。手づくりのスパイス入れはパキスタンから。友人から贈られた美しい陶器は、日本とペルーとコロンビアのもの。まな板は、私がよく木陰を楽しんでいた樹から切り出した。アリス・ウォーターズ［訳注：著名料理家。レストラン「シェ・パニース」オーナー］が、一緒に北京に出張したときに、世界最古の刃物店で買ってくれた包丁もある。この調理場を行きかうたびに、偶然のなりゆきで影響し合い、向上しあう不思議を思うわ。

1億ドルもらったら、ビジネスのやり方を変える？　だとしたらどんなふうに？

変えたいわ！　基本的に3つね。

1）仕事場を建てる。料理教室や試作ができる調理場と書斎を兼ねていて、著書のサイン会や夕食会など大勢が集まるのにもいいような。自然光をふんだんに採り入れて、天井が高くて、好きなアーティストの作品を飾って、屋外には薪ストーブのオーブンとグリル、菜園と花壇。昼寝スペースも欠かせない。

2）サポートスタッフを雇う。デザイナー、会計士、料理講師、みんなをとりしきるマネージャー……世の中に、料理と食卓での団らんの大切さを教え、その気にさせ、励ますという目標に楽しく協力できる、有能で自立した人たちをね。私は自分の仕事に専念しながら、雇い主として親身に面倒をみてあげるの。

3）非営利組織を設立する。デイヴ・エガーズが設立した、恵まれない生徒たちに読み書きを教える非営利組織、「826バレンシア」に以前から感服している。彼が新進作家としての名声を活かして世間の注目を集めた手腕はたいしたものよ。私は若い人たちが料理のリテラシーを身に

つける支援をしたい。これも、読み書きと同じくらい重要だと思うから。想像するだけでワクワクするわ。

自信をなくしたり逆境に陥ったときの立ち直り法は？

セラピーを受ける。

自分の性格でいちばん自慢できるところは？

際限のない好奇心。

世の中にもっとあってほしいものは？減ってほしいものは？

「インターネットを減らして、もっと愛を」。悲劇的な死だったけれど、世の中を照らすようなアーティストだったスーザン・オマレーの言葉よ。

自分らしく好きなことをしようと奮い立たせてくれる座右の銘は？

「想像力は、鋭利な道具に勝る。注意を払うことは終わりのない、我々本来の仕事である」（メアリー・オリヴァー［アメリカの詩人］）

インスピレーションが必要なときや、スランプから脱出したいときの特効薬は？

海に飛びこむ。

1日のよいスタートを切るために、朝いちばんにすることは？

抗うつ剤をのむ。

憧れの、あるいは尊敬する女性は誰？

アリス・ウォーターズ。ジュリア・チャイルド。エレナ・フェッランテ（イタリア人小説家）。ジョーン・ディディオン（アメリカ人作家）。それから、わがカリフォルニア州選出のバーバラ・リー下院議員。彼女は2001年9月11日の同時多発テロのあと、武力行使権の決議案にただひとり反対票を投じたのよ。

1日があと3時間増えたら何をする？

寝るわ。

「ふたりとも幼いころから、人と違っていてもいいと、言葉だけでなく身をもって教わった。
今の私たちがあるのは、そのおかげ」

エリーズ・コーナック＆アナ・ヒエロニマス

シェフ、レストランオーナー
(ニューヨーク州ブルックリン)

子どものころの夢は？
エリーズ：お医者さん。
アナ：獣医さん。
駆け出しのころ役立ったアドバイスは？
エリーズ：「自分のビジョンを信じて辛抱強くやりなさい」
アナ：「ベストを尽くしなさい、できるのはそれだけ」。母からいつも言われていた言葉よ。
仕事場のお気に入りポイントは？
エリーズ：自然光が入るところ。たいていのレストランの調理場には自然光がまったく入らないから。
キャリアや仕事のために払った最大の犠牲は？
エリーズ：自由な時間。自分で店を構えると、職場を離れているときもやることは結局、仕事だったりするし。

アナ（左）とエリーズ

夜眠れなくなるような不安や悩みはある？

エリーズ：数年前、私たちの新婚旅行中に店が水びたしになった。帰ってきたら、店はめちゃくちゃで、営業再開まで２カ月もかかった。それ以来、遠出するときはまた同じようなことが起こるんじゃないかっていつも気が気じゃない。幸い、２度目は起きてないけどね！

自分でビジネスを始めて得た最大の教訓は？

エリーズ：物事はだいたい期待どおりには運ばない、でもおおむねそれでうまくいく。目標をあきらめてはいけないけど、期待に固執しない。

アナ：何につけても辛抱強くあたること。

ミスから学んで成功につながったことはある？

アナ：レストランをオープンした当初は、大きな相席テーブルでおまかせコースを出すスタイルにしたの。でも、これはお客様にあまり受けがよくなかった。ときには、方針を変えなければならないのね。開店してから数カ月間で、最大限の満足を提供するためには常にお客様の立場に身を置くべきだと学んだわ。

あなたのモットーは？

アナ：仕事で何かしらトラブルがあったときは、「とにかく最後までやり抜く」をモットーにしてる。何事にも必ず終わりが来るのだから、しんどいと感じることでも、とにかく最後までやり抜こうって。

仕事で経験した最大の成功や誇りは？

エリーズ：2015年にミシュランの星ひとつを獲得したこと。シェフにとっての夢だから──最高の栄誉であり幸せだよね。

アナ：お店をうまくまわせていること。最初は冷やかされたのよ。よそと違うことをしているから「どうかしてるんじゃないの」って笑われたり。でも私たちは、やってみせた。今ではすっかり軌道に乗ってる──しかも順調。その意味では私たち、頂点に立てたと感じているわ。

自信をなくしたり逆境に陥ったときの立ち直り法は？

エリーズ：家族に相談してアドバイスを求める。家族は無条件に私たちを支えてくれる存在だから。

ビジネスのアイデアや自分がやりたいことに気づいたのは、いつ、どこで？

アナ：エリーズが「アクアヴィット」を辞めたばかり、私も失業中だったとき、ニューヨークを数週間離れてゆっくりしながら次の道を考えようか、ということになった。それで、私の両親が住むメリーランド州に行ったときに。うちには50エーカーの土地があるの。で、ある日、森の中を散歩していて、私たちの店「テイク・ルート」の原型となるコンセプトを思いついた。あの日に見つけた記念の木の葉は、今も手元に置いているわ。

これがなくてはやっていけない道具やモノや儀式はある？

エリーズ：朝は１杯のコーヒーで１日に向けて気合を入れ、夜はワインを１杯やりながらその日あったことを振り返る──これがふたりの儀式。

憧れの、あるいは尊敬する女性は誰？

アナ：家族。私の姉と私たちそれぞれの母。みんな発想が豊かで、頑張り屋で、意志が強い。独立独歩なの。私たちふたりとも幼いころから、人と違っていてもいいと、言葉だけでなく身をもって教わった。今の私たちがあるのは、そのおかげ。

「世界にはもっと
問いかけが必要。
答えはもっと少なくていい」

ケイト・
ボーンスタイン

作家、パフォーミングアーティスト、
活動家
(ニューヨーク州ニューヨーク)

子どものころの夢は？
女の子、テレビに出る人、マンガのスーパーヒーロー。女の子になる夢は 1986 年に達成。テレビ初登場は 1992 年ごろ。ジェラルド・リヴェラのトークショー。いちばん最近の出演は、ケイトリン・ジェンナーの『女性になったカーダシアン家のパパ：アイ・アム・ケイト』［訳注：性転換して女性になった元陸上金メダリスト、ケイトリン・ジェンナーのドキュメンタリー］。あとね、90 年代初めに作家のレイチェル・ポラックが書いた『ドゥーム・パトロール』のコアギュラことケイト・ゴッドウィンは、私がモデルよ。コアギュラは性転換したレズビアンで、液体を固体に、固体を液体に変える超能力を持ってるの。超能力を身につけるにはこの年になるまでかかったけど、そう、私、超能力者なの。

**クリエイティブの世界にいる女性の
どんなところに憧れる？**
この世界の女性は「舞台に立ちつづけるべし」とわかってる。だから絶対にやめない。少なくともすぐには。どんな分野でも、制作には必ず手ごわい壁が立ちはだかるけど、私の場合は「先延ばし」「白

73

分の才能への疑い」「他人からの心ない言葉」が足かせとなるワースト3よ。

あなたにとって成功とは？

読者や観客がジョークに笑ってくれて、悲しいところで泣いてくれて、驚いて息をのんでくれたら成功。笑う、泣く、息をのむ——この三拍子がそろってないとだめ。人として成功を感じるのは「自分は十分にやった」と言えたときね。

1億ドルもらったら、ビジネスのやり方を変える？　だとしたらどんなふうに？

その答え、何年も妄想してたから簡単。生き方をがらっと変えるの。ジャージーショアの古いホテルを買い取って、全寮制のクリエイティブアート学校にする。格好いい変人アーティストをたくさん雇って、あぶなっかしい若者を受け入れるわ。

キャリアや仕事のために払った最大の犠牲は？

世の主流に認められることね。無難な道を選べば主流でブレイクするチャンスもあったけど、いつも同じ条件つきなの。身ぎれいにして、眉をひそめるようなことを話題にせず、性を前面に出すな、って。でも私は主に10代の子とか変人とか、世間に居場所のないやつらのために書いてる——そういう連中を自分の家族だと思って。眉をひそめるようなことと性は生命線、オシャレはお互いのためだけよ。

夜眠れなくなるような不安や悩みはある？

その質問を女友だちに聞いてみたら、社会運動から美容の秘訣まで、まあ長々と並べてくれたわ。この質問に答えようと思うと夜眠れなくなっちゃう。

自信をなくしたり逆境に陥ったときの立ち直り法は？

私は境界性人格障害。自信のなさで常に揺らいでいるし、逆境だらけの人生を送ってきたけど、この何年か弁証法的行動療法を受けてる。マーシャ・リネハンが開発した認知行動療法と禅を組み合わせた技法よ。これでつらい時期を切り抜けたし、自分を立て直すのにも役立ったわ。

自分の性格でいちばん自慢できるところは？

ここ数年で徹底的受容〔訳注：弁証法的行動療法の技法のひとつ〕がうまくできるようになって、だいぶ穏やかになったわ。

あなたのモットーは？

「人生に正解なし。いちばん心惹かれる、いちばん楽しい道を歩めばいい」

世の中にもっとあってほしいものは？減ってほしいものは？

世界にはもっと問いかけが必要。答えはもっと少なくていい。

10〜20年前の自分に教えてあげたいことは？

生きるに値する人生にするためなら何をやったってまったくかまわないんだ、ってこと。「意地悪をしない」、この一点さえ守ればね。そう言ってもらってたら、さんざん苦しまずにすんだのに……。

インスピレーションが必要なときや、スランプから脱出したいときの特効薬は？

私のことをよく知ってる大好きな人たちに、恐怖を乗り切るのを助けてもらう。

1日があと3時間増えたら何をする？

仕事、遊び、睡眠に1時間ずつ充てるわ。

長い1日の仕事を終え、家に帰ってから楽しみにしていることは？

公演ツアーから帰ったときは、猫ちゃんとの時間。サイベリアンって品種よ。膝に乗ってごろごろ喉を鳴らしてくれるの。

憧れの、あるいは尊敬する女性は誰？

ハーパー・リー（『アラバマ物語』著者）。書くべき作品を書いたら筆を折った人よ。

これがなくてはやっていけない道具やモノや儀式はある？

ネットにつないだMacBook Pro。

「最大の学びは、
長丁場と浮き沈みを
覚悟して、
いいときも悪いときも
自分を左右されなくなった
こと」

カレン・ヤング

プロダクトデザイナー、実業家
(ニューヨーク州ブルックリン)

子どものころの夢は？
推理と調査にすごく魅力を感じていたから、弁護士か人類学者になりたいと思ってた。

駆け出しのころ役立ったアドバイスは？
ビジネスとはどういうものかまったく知らなかったときにもらったアドバイスが、結局はいちばん役に立った。7歳のとき、祖母が私をまじまじと見つめて、いつもの穏やかな口ぶりでこう言ったの。「おまえさんは根気を覚えないといけないよ」。それから、私にその言葉を言わせて、書かせて、意味を覚えさせた。「人生には、大変なことやつらいことがあっても、前に進みつづけなければならないときがある」ってことを、祖母はやさしく教えてくれた。どうして祖母がそんなことを言う気になったのかは覚えてないけど、とにかく心に刻みこまれたわ。起業するにあたっての準備はそれだけ。でも最高の準備だった。

キャリアや仕事のために払った最大の犠牲は？
いちばんは旅ね。昔は大の旅好きだったけど、ビジネスって、とてつもなく自分の時間をとられるから。成長のレベルが一段上がるごとに、費やすエネルギーと勉強と責任のレベルが格段に上がるのよ。

あなたにとって成功とは？
若いころは成功を形あるもの、頑張って稼いだお金で買えるものだと考えていた。でも、年齢と知恵を重ねて、今では友人たちとゆっくり過ごすディナー、笑顔、家族と過ごす時間、できるかぎりたくさん旅をすることが、成功のイメージ。モノより経験——これが私のモットー。

自分でビジネスを始めて得た最大の教訓は？
親友が年に一度は必ず「一夜にして成功するには、準備に10年かかる」って言うの。起業っていくらでも美化して語れちゃうけど、ビジネスを育てるためには不屈の精神が必要なことや、「私ならできる！」というひらめきの先に待っている本当の苦労のことを書いてる本や雑誌はあんまりない。最大の学びは、長丁場と浮き沈みを覚悟して、いいときも悪いときも自分を左右されなくなったこと。

ミスから学んで成功につながったことはある？
長いあいだ、ほかの起業家に相談したり、手当たり次第に本やブログを読んだりしたけど、いざ自分のビジネスとなると、どうしていいかわからなかった。成長物語はいくらでもあるけど、そこに行くまでに踏む段階を誰も具体的に教えてくれないじゃない？ イメージとしては、つるつるのガラスの山を見上げてる感じ。足場はどこにも見当たらないのに、ほかの人たちが登ったという噂だけは聞こえてくる。その人たちはどんな道具を使ったの？ どうやってアプローチしたの？ 難

所はどこだった？　結局、答えが見つからないまま、思い切って会社を大きくした。販路を拡大し、複数の営業チームを立ち上げ、製品ラインナップを3倍にしたの。数人のチームでやる仕事量をひとりで抱えこんで……。そして、その重みに押しつぶされた。この失敗で、成功までの道のりには時間、忍耐、着実なペース、スキル、資金、運が必要だと学んだわ。機敏であること、フィードバックや変化にすばやく対応できること、ここぞというタイミングで援助を受けること。あの経験からつかんだ成功はたくさんある。製品の改良、心を動かすストーリー、必要に応じて修正できるペースでの成長を軸にする調整もできた。ほかのみんなではなく、自分が求めているビジネスをつくりあげるのが大事、と学んだのよ。

自信をなくしたり逆境に陥ったときの立ち直り法は？

自分のための時間をつくる習慣を、いま身につけようとしているところ。朝5分だけ瞑想するのでも、おバカなテレビ番組を見て30分笑うのでもいい。自分で選んだ道だし、やりがいもあるけど、私という人間が仕事で決まるわけではないってことは、忘れたくないの。

自分らしく好きなことをしようと奮い立たせてくれる座右の銘は？

ペルシャの詩人ルーミーの「あなたが求めているものこそ、あなたを求めている」。

自分の性格でいちばん自慢できるところは？

一途（いちず）に粘り抜くところ。

これがなくてはやっていけない道具やモノや儀式はある？

白い紙と黒いペン。目の前にやることリストがないと、エンジンがかからない。次々終わらせていくときの満足感ったらないわ。

1日の良いスタートを切るために、朝いちばんにすることは？

去年1年間、感謝リストをつけてみた。毎日、前の日に自分が達成したり体験したりした中で感謝していることを3つ考えるの。機械的な習慣にならないように、一つひとつはしょらず丁寧に考えるのがコツ。それぞれについて、なぜありがたいと感じるのかまで掘り下げて考えていくと、いい気分で1日を始められた。自分は山を動かしている、って初心に帰るきっかけにもなった。

世の中にもっとあってほしいものは？減ってほしいものは？

世の中にはもっと真剣で、正直で、血の通ったつながりが必要じゃない？それによって人間関係が豊かになるし、仕事でも、お客様とのあいだに嘘偽りのない協力関係が生まれると思う。きれいごとが減って、真剣さが増えたらいいな。

「イノベーションや
インスピレーションは、
他人ではなく
自分の中に求めること。
それが自分に嘘をつかず、
仕事へのときめきを
失わずにいられる
唯一の方法よ」

クリスティーン・シュミット

アーティスト、デザイナー
(カリフォルニア州サンフランシスコ)

子どものころの夢は？
昔からアートとデザインに関わることをすると思ってた。今後もずっと同じビジネスをするとはかぎらないけど、私らしいことをやっているのは間違いないわ。

仕事場のお気に入りは何？
超特大の作業机。新しいアトリエ用に手に入れた最初にして最高のものよ。制作中のいくつもの作品のあいだを飛びまわってるわ。

キャリアや仕事のために払った最大の犠牲は？
自分と仕事以外に使う生活時間。時間のすべてが仕事に吸い取られてるとわかったのは、ママになってからよ（ママにならなくてもわかるはずなのに！）。娘を産んで、本気で辞めようかと思った。でも、創作への衝動がまたむずむずとわいてきて、自分が自分でいるにはこれがなきゃだめだと悟ったの。不思議だけど、より短い時間でよりたくさんやらなければな

らなくなったら、動きに無駄がなくなっ
たし、うじうじ悩む時間も減ったの。

あなたにとって成功とは?

自分でどんどん動けること。以前はとれ
なかったリスクを今ならとれる。創作と
ビジネスを両立させるにはある程度の妥
協が必要。このふたつを調和させること
が成功とも言える。仕事に捧げる分だけ、
仕事からもらえるものも大きいの。

夜眠れなくなるような不安や悩みはある?

正直な話、ない。まだこのビジネスが種
の段階だった2006年に、双子の妹が亡く
なったの。そのとき、粉々になった心の
かけらを少しずつかき集めて、心の軸を
立て直して気がついた。どうでもいいこ
とに振り回される必要はない、と。たと
えば、自分ではどうにもできないものを
恐れてもしょうがない。何かに不安を覚
えたとしても、「もしだめでも死ぬわけじゃ
ない」とわかっていることが大事。

**1億ドルもらったら、ビジネスのやり方を
変える? だとしたらどんなふうに?**

うちのチームの全員に思いっきりお給料
をはずんで、学生ローンも返済してあげ
たい。アーティストやミュージシャンばか
りだから、彼らを支えてあげたいの。
単に社員としてだけじゃなく、希望や要
望のあるひとりの人間として。

ミスから学んで成功につながったことはある?

起業して数年後にソーシャルメディアが
流行りだしたとき、いっぱしのビジネス
ウーマンを目指して、いろんな人間関係
に無理やり自分を押しこんだ。やりたく
ないことも引き受けた。自分を曲げてま
で周囲に合わせたの。でも、まったく実
にならず、そういう忙しさを手放して初
めて、自分を取り戻して独創的な仕事が
できるようになった。流行りものには賞

味期限があることも学んだわ。イノベー
ションやインスピレーションは、他人で
はなく自分の中に求めること。それが自
分に嘘をつかず、仕事へのときめきを失
わずにいられる唯一の方法。

**自信をなくしたり逆境に陥ったときの
立ち直り法は?**

考えるのをやめて手を動かす。目と脳と
手と紙と絵の具が一体になるまでがんば
る。経営もしているとすごく消耗するか
ら、充電のためにもこれは必須。

世の中にもっとあってほしいものは?

創造の才能がお金と政治にダイレクトに
結びついていることは、もっと本音で語
られるべきね。創造力を発揮する恵まれ
た立場にあったら、実践して、享受して、
感謝の気持ちを持つ責任がある。その一
方、ほかの人をその立場に引き上げてあ
げるために、有権者としての1票やお金
や時間を使う責任もある。私なんかより
ずっとこの本に登場する資格があるのに、
才能を発揮するチャンスに恵まれなかっ
た女性たちがどれだけいることか。

あなたのモットーは?

「駄作をつくれ、輝かしい失敗作を」。やっ
ちまったって思うようなものができたと
きのほうが、学ぶことが多い。間違いを
犯していないとすれば、それは停滞して
いるってこと。落ち着いたつもりになっ
てちゃダメ。抜けだせなくなってしまう
よ。打開して成長するためには、常に動
いていなければ(たとえ後退であっても)。

1日があと3時間増えたら何をする?

娘と過ごす時間を増やして、もっと料理
をしたい。レシピも事前の計画もなく、
直感にまかせて服を汚しながらね。創作
の仕事のいちばん面白い部分そのままに。
料理なら、あとで食べられるし。

自分の性格でいちばん自慢できるところは？

自分を他人と比べないところ。
だって
人生は競争じゃないもの。

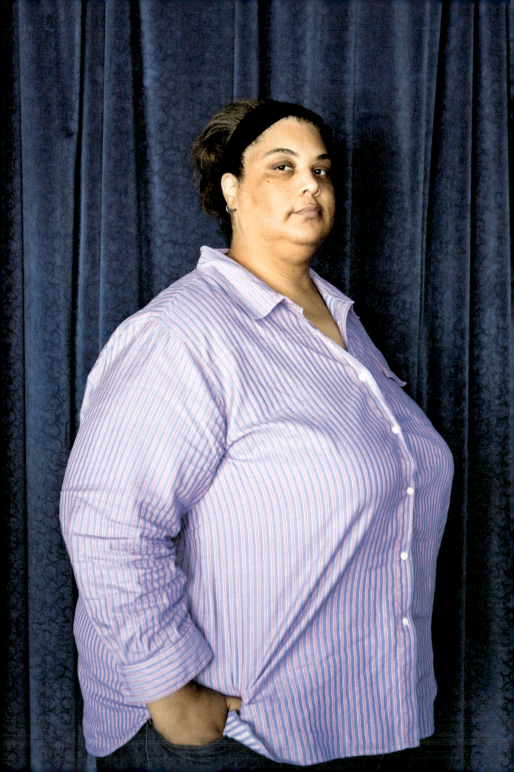

「厳しくあれ。野心を持て。秀でよ」

ロクサーヌ・ゲイ

作家、大学教授
（インディアナ州ウェストラファイエット）

子どものころの夢は？
外科医か救急医療室のお医者さん。

**クリエイティブの世界にいる女性の
どんなところに憧れる？**
不屈の精神。美しいものを創造する力。
その美しさが、思いもかけない形で表現
されるところ。

あなたにとって成功とは？
いまだに答えを模索中。手にした成功を
まだ実感できないし、どう受けとめてい
いかわからないから、私にとっては恐怖
の質問なんだよね。

仕事場のお気に入りポイントは？
仕事場はひとつじゃない。移動が多いし
仕事の幅も広いから、今いるところが仕
事場。ノートパソコンがあれば書く。気
に入ってるのは、自分の順応性かな。場
所にしばられずに創作ができるとこ。

**1億ドルもらったら、ビジネスのやり方を
変える？　だとしたらどんなふうに？**
執筆のペースを落としたい。テーマ探し
と選別にじっくり時間をかけたい。見境
なく書いてるわけじゃないけど、本当に
やりたいこと以外も引き受けちゃうから。
あと、正当な評価を受けていない作家を
サポートするシステムをつくりたい。作家
で食べていこうとすると、お金って本当
に大事。夢で日々の生活費はまかなえな

い。過小評価されてる作家たちから、で
きるだけお金に関するストレスを取り除
いてあげたい。好きなだけ執筆できるよ
うになったら、彼らがどんな発信をして
くれるか、楽しみじゃない。

キャリアや仕事のために払った最大の犠牲は？
母親になること。これは断言できる。

ミスから学んで成功につながったことはある？
完璧主義者だから、ミスをすると自分を
責めて責めて責めまくる。でも気がすん
だら、どこが悪かったのかを見つめて間
違いを修正する方法をとことん考えて、同
じ間違いを二度としない方法を探す。

夜眠れなくなるような不安や悩みはある？
次に書く作品はよくないんじゃないか、ファ
ンを失望させるんじゃないか、ある日
突然、今までのように言葉が出てこなく
なるんじゃないか、って不安になる。

**自信をなくしたり逆境に陥ったときの
立ち直り法は？**
最終的にはもちろん自分の力で立ち直る
けど、ラッキーなことに私には、行き詰
まったときに支えてくれる人がいる。そ
れは素直に認める。孤高の芸術家なんて
考えはナンセンス。私が成功したのは努
力と野心とその人のおかげ。いつもそば
にいて、励まし、温かい笑顔、調子に乗る
なっていう鋭い指摘……、何であれ私に
必要なものを与えてくれる人よ。あとは、
自分は書くことが大好きだってことを思
い出すようにしてる。誰かのため以前に、
私は自分のために書いてるの。

あなたのモットーは？
厳しくあれ。野心を持て。秀でよ。

> 「自分たちが、
> イメージではなく
> エネルギーだと思い出せば、
> 世界はまるで違って見える」

サラ・ニューバーガー

アーティスト、デザイナー
(ジョージア州ディケーター)

子どものころの夢は？

小さいときの私	高校生の私

小さいときは「先生」。でも本当は放課後、家に帰るまで、黒板に絵を描いているのが好きだっただけ。母は幼稚園の先生だった。高校生の私は「会計士」。数字のパターンと相関関係が好きだった。とくに代数。新しい問題でも考えれば解けて、解答があるところが気に入ってた。人生が一変したのは、ある美術の先生が私を呼んで、あなたはすばらしい、特別なものを持っていると言ってくれたとき。その先生のおかげで私の道は決まった。たったひとりの力ですべてが変わったわけ。

駆け出しのころ役立ったアドバイスは？

そんなこと「やるべきじゃない」とか「できるわけない」と一切言われなかったのが、いちばんのアドバイス。

仕事で経験した最大の成功や誇りは？

クライアントやお客さんから、私の作品や絵が暮らしをどれほど明るく彩っているかを聞くこと。

仕事場のお気に入りは何？

ドア！

自宅で仕事してるんだけど、それでも区切りとしてドアが好き。あと収納！

1日があと3時間増えたら何をする？

ビジネスを始める前に考えておくべきことトップ3は？

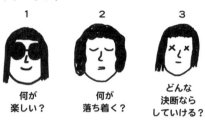

キャリアや仕事のために払った最大の犠牲は？

彼女が働いていて、よい健康保険に私も入れてもらってるのと、生活費をすべて折半しているおかげで、かなり楽になっている部分がある。何かを犠牲にしたとは感じてないけど、ひとりだったらだいぶ違っていたかも。彼女と出会う前の、ちょうど起業したころは妹と住んでいて……やっぱり生活費を折半していた。金銭面での犠牲を別にすれば、自営ならではの経験をちゃんとできたことは、とても幸運だったと感じている。

夜眠れなくなるような不安や悩みはある？

あなたにとって成功とは？
成功とは……

a）完全な信頼。みんなにいきわたるだけたくさんあること。
b）時間、資源、認知、お金の不足におびえずにビジネスを回せること。それらが、みんなにゆきわたるだけ十分にあること。自分たちが、イメージではなくエネルギーだと思い出せば、世界はまるで違って見える。

自分らしく好きなことをしようと
奮い立たせてくれる座右の銘は？

「限界をつくっているのは自分」

自分でビジネスを始めて得た最大の教訓は？

自分の直感に従えば後悔しないし、自分が進む道にもっと自信が持てる。

自信をなくしたり逆境に陥ったときの
立ち直り法は？

自分の再点検をして立て直す

今やっていることは楽しいか？　別の方向にエネルギーを注ぎたくはないか？と自問する。今までのところ、目標と優先事項の再調整をするとうまくいく。

ビジネスのアイデアや自分がやりたいことに気づいたのは、いつ、どこで？
きっかけは「フェミニスト」。MFA（芸術系修士号）を取得して仕事に就いたところだった。ニューヨークで、非営利のフェミニスト・メディアアート組織で働いていたとき、進むべき道はこれじゃないと気がついたの。その気づきを無視するか、軌道修正するかが岐路だったわ。

自分でビジネスを始めて得た最大の教訓は？
直感を研ぎすませて、進路変更する勇気を持つこと――いつ、どんなときでも。

「世の中には
本当のつながりと、
人とともに過ごす時間が
もっと必要」

ゴーリ・ナンダ

プロダクトデザイナー
(ニューヨーク州ブルックリン)

子どものころの夢は？
幼いときから自分のやりたいことがわかっていた、って早熟の天才みたいに言えればいいんだけど、実際は何も考えてなかった。成功するには限られた選択肢——法律か医学か工学しかないと思いこまされていたせいもあるかも。それで、まわりから期待されていると思っていた道に進んだ。コンピュータサイエンスを専攻して、アップルに就職したの。その後、MITメディアラボという研究所の存在を知って、自分はそこに行くべきだと直感した。思ったとおり、創造の喜びと自由な環境に酔いしれ、大胆になり、常識にとらわれない新しい発想でプロジェクトに取り組めたわ。世界観が変わったのは、『誰のためのデザイン？』(D・A ノーマン／新曜社)を読んだのがきっかけ。いろんなものが、解決を待っているデザイン上の問題に見えるようになった。ベッドから起き出すのに役立っていない目覚まし時計から、交通事故が蔓延している道路まで、どうデザインすればいいかって。デザインにはテクノロジーを活かせる場合があて、幸い私はそこに強みがあった。何より、や

りたいことが見つかったのが大きかったわ。自分の力で進む道を切り拓いていくほうがずっと成功しやすいし、気持ちも満たされる。

キャリアや仕事のために払った最大の犠牲は？
コンピュータ画面の前で過ごす時間が長くなった。

あなたにとって成功とは？
世の中にプラスの影響を
もたらすこと
（どう測るかは難しいけど）。
それと、人を触発すること。
人として本物になること。
いちばん大事なのは、
本物の人たちと、意味のある
継続的な関係を築くこと。

自分でビジネスを始めて得た最大の教訓は？
「支えてくれる仲間選びが大事」。人集めには苦労したの。だまそうと近づいてくる人もいるなかで、信用できる人を見抜くのは難しいから。でも何か違和感を覚えたら、その直感はたいてい当たってる。人は本当の自分ではなく、なりたい自分を見せるってことを学んだわ。

ミスから学んで成功につながったことはある？
「トイメール」を設立したとき、やり方はすっかりわかっている気でいた。すでに会社をひとつ立ち上げて成功させていたから。でも、やってみたらうまくいかなかった。何度もふりだしに戻ってやり直してやっと、「こうやるべき」という先入観を持たないほうが簡単にいくとわかったの。「トイメール」はまだよちよち歩きの段階だけど、戦略を変更してからは、

アマゾンやベライゾンを出資会社に迎え、大手との販売契約もいくつか決まった。最大の成果は、初めて子ども用のIT端末をつくったこと。子どもたちのために健全なテクノロジー利用習慣をつくるのは、わが社の使命よ。

自信をなくしたり逆境に陥ったときの立ち直り法は？
親友に電話する。それから「思い出せ」リストも見る。琴線に触れた名言を集めたリストよ。「ほとんどの問題は、不運の姿を借りた幸運である」とか「問題にがんじがらめになるか、冒険として楽しめるかは、気の持ち方ひとつである」とか書いてあるの。

世の中にもっとあってほしいものは？
本当のつながりと、人とともに過ごす時間がもっと必要。

自分の性格でいちばん自慢できるところは？
共感力。

あなたのモットーは？
ナイキの「Just do it.（とにかく行動せよ）」はまったくそのとおり。親友には笑われるけど、行動しないで終わる人をたくさん見ているから、よく口にするの。

これがなくてはやっていけない道具やモノや儀式はある？
片づけ。身のまわりが整理整頓されていると集中できるし、仕事の精度が上がる。「モノを本来の位置に戻すのは人生最大の快楽のひとつである」という格言を知ったときは、まさにそうだと思いつつもおかしかったわ。

1日のよいスタートを切るために、朝いちばんにすることは？
2種類の朝食を食べる。甘いのと塩味の。

「ビジネスの成功とは、
　どれほど手痛い失敗をしても
　自分を好きでいられること」

メアリー・ゴーイング

ファッションデザイナー
(カリフォルニア州バークレー)

駆け出しのころ役立ったアドバイスは？
私のメンターであるマイケル・ブッシュの口癖「採用は慎重に、解雇はすばやく」。すばらしいアドバイスです。いつも守ってきたわけではないけど、言葉どおりに動いたときは見事に助けられています。

仕事場のお気に入りポイントは？
「セイント・ハリダン」[訳注：メアリーが創業した既製服ブランド]の仕事場は、雑草みたいにたくましい創造性の賜物です。みんなの創意工夫が私は大好き。たとえば今の場所に移ったとき、壁の傷みがひどかったので見積もりをとったら、やすりをかけてペンキを塗るのに6000ドルもかかると言われた。でもある日、ピンタレストを見て、紙袋をボンドで壁一面に貼るという解決策を思いついた。それをお客様でもある友人に、見積もりの何分の一かでやってもらえたんです。ペンキを塗るより見栄えもよくなった。同じように、古いドアを再利用した試着室もつくったら、壁に囲まれた試着室よりずっと趣が出て、費用も最小限ですみました。

あなたにとって成功とは？
ビジネスの成功とは、どれほど手痛い失敗をしても自分を好きでいられること。

95

あなたのモットーは？

腕を上げるには、
進んで自分の拙さを
認めなければならない。

クリエイティブ系のビジネスを始める人に勧めたい備えは？

いちばん大事なリソースは、ほかの起業家たち。彼らに「どうやったのですか？」なんていう月並みな質問ではなく、よく考え抜いた、具体的な質問をする。ほとんどの起業家は、喜んで答えてくれます。

ビジネス経営から得た最大のレッスンは？

最大の学びは、ビジネスの経営は勘でするものではなく、学んで身につけていくものだということ。私はMBAを持っていますが、それが最高の教育ではない。昔は子どもたちに大学には絶対行けと言っていましたが、今では図書館やYouTubeや無料のオンライン講座で勉強したっていいと思っています。あとはもちろん、七転び八起きの精神ですね。

ミスから学んで成功につながったことはある？

間違いはたくさんしました。そのすべてから学べているといいのですが。挙げるとすれば、優秀で勤勉な女性を採用し、彼女ならできるだろうと、大きなプロジェクトを任せてしまったこと。実際はできなかったのに、彼女はそれを恥じて私に報告してくれなかった。いくつもの不手際が出はじめてようやく発覚したのです。最初のミスは、非現実的な期待をかけて監督をしなかったこと。ふたつめのミスは、実態がバレて何カ月もの迷走が明らかになったときに怒ってしまったこと。怒っても問題は解決しなかったうえに、人間関係にひびが入った。ミスの修復には長い時間がかかりました。ただこのおかげで、プロジェクトを他人に丸投げしてはいけない、と学べた。どれだけ優秀でスキルが高い人でもね。怒りをコントロールする術を学んだのはもっと重要でした。最終的にはこの失敗のおかげ

で、リーダーとして成長できた。でも、生身の人間を練習台にして学ぶはめになったのは悔やんでいます。

起業する前に考えておくべきことは？

人はよく好きなことを仕事にしようとする。パイづくり、家具製作、服のデザイン……。でも経営者になるのは、パイを焼く人、家具をつくる人、服をデザインする人になるのとは違う。「起業家」という職業に就くのです。ビジネスが好きでなければその仕事を好きにはなれません。

1日のよいスタートを切るために、朝いちばんにすることは？

ジュリア・キャメロンの「モーニングページ」［訳注：『ずっとやりたかったことを、やりなさい。』（サンマーク出版）にある方法。朝、頭に浮かんだことをノートに書きつけると、考え方や行動が変わり、理想の自分に近づけるという］の実践。昔のバイク事故の後遺症で長文が書けないので、ウェブサイトを使っています。

憧れの、あるいは尊敬する女性は誰？

尊敬しているのはアンナ・ディーヴァー・スミス（アメリカの女優、劇作家）。彼女は自分の才能との付き合い方が本当に濃密で巧み。自分の才能を、世論に影響を与えてよい変化を起こすような使い方をしているところがすばらしい。

1日があと3時間増えたら何をする？

私のことだから、
仕事しちゃうかな。
でも、もっと睡眠も
とりたいですね！

「私の脳は、どんな状況にも
ユーモアを見つけてしまう
ようにできてるの」

デジレ・
アカヴァン

作家、俳優、映画製作者、映画監督
(イギリス、ロンドン)

子どものころの夢は？

お話をつくる人になりたくて、9歳ごろから寸劇や劇を書いてたけど、勉強もすごく努力して、「秀才」人間になって、安定した職に就こうともしたのよ。でも私はフツウの仕事をする能力がまったく欠落してる。今までに受付嬢、営業ウーマン、住み込みのベビーシッター、調査助手をやったけど、どれも私が世界最悪よ。

**クリエイティブの世界にいる女性の
どんなところに憧れる？**

この世界の仲間たちはみんな何かにのめりこんでる。対象は音楽、テレビ番組、映画、美術、人形劇――まさに何でもあり。

あなたにとって成功とは？

ビジョンや価値観について妥協しなくても食べていけること。

ミスから学んで成功につながったことはある？

最初につくった数本の短編映画は、世間には受けたけど私は満足しなかった。サンダンス映画祭がプログラムに組みたがりそうなのは何か、映画学科の教授に評価されそうなのは何かって、常に計算してた。で、1年かけて短編1本を撮ったけど、私らしいユーモアと危なっかしさがまったくなかった。30の映画祭に送って

ほとんど落選。そのあと、『The Slope』というウェブ配信のコメディシリーズを共同制作したの。報酬はゼロ、世間からの評価や、何をお手本にすべきかなんていっさい考えずに。当時はまだウェブシリーズが少なくて比較対象がなかったからよかった。純粋に自分の好みと直感だけを追求できたの。この作品は高く評判されて、キャリアアップにつながったわ。

自分の性格でいちばん自慢できるところは？

私の脳は、どんな状況にもユーモアを見つけてしまうようにできてるの。

**世の中にもっとあってほしいものは？
減ってほしいものは？**

リスクはもっととるべき。エゴはもっと減ってほしい。

**自信をなくしたり逆境に陥ったときの
立ち直り法は？**

映画製作者が公然と失敗を語っているインタビューを読むのが好き。10回くらい読み返した『マイ・ファースト・ムービー――私はデビュー作をこうして撮った』(フィルムアート社)は名著よ。いろんな映画製作者が、デビュー作を撮ったプロセスをとても率直に語ってる。ほとんど全員、成功する前に失敗してるわ。自分が負け犬だとかニセモノだと感じずにしぶとく生き延びているのって、妄想家だけよ。

10～20年前の自分に教えてあげたいことは？

すべてうまくいく。あなたには才能も魅力も十分にある。恋愛も成就する。人をだまして自分を信じてもらう必要なんかない。実現するまでには、気が遠くなるほどの時間がかかるけどね。

**インスピレーションが必要なときや、
スランプから脱出したいときの特効薬は？**

製作パートナーのセシと話し合う。それか、すばらしい作品を観る。

「ためらいとか不安なんか、窓から捨てちゃいな」

ジャスミン・ライト

タトゥーアーティスト
(カリフォルニア州サンディエゴ)

子どものころの夢は？
ガキのころ、ちょっとでもやりたいと思ったことがある職業はマッサージ師かなあ。TVドラマ『フレンズ』にハマってて、お気に入りの登場人物がフィービーだったから。弁護士になりたいと思ったこともちょっとだけある。でもロースクールの学費と期間と勉強の大変さを知って、早々にあきらめた。そういうキッチリした環境に自分が向くとは思えないし。

**クリエイティブの世界にいる女性の
どんなところに憧れる？**
自分の手で人生を築き上げるために、どんなにおぼろげでもビジョンを持って、それにしっかり取り組んで自分のものにしていく果敢さ。

仕事場のお気に入りポイントは？
親しい友だちや尊敬する人たちのアート作品を身のまわりに置いてる。その人たちも自分と同じように、幸せでいるためにそれぞれのケモノ道を歩んでいるんだ、って作品を見るたびに触発されてるよ。

キャリアや仕事のために払った最大の犠牲は？
TV番組をきっかけに、ここ数年、タトゥー界に人気が出て、タトゥーアーティストはスターみたいな職業だとか、テレビに出て一攫千金を稼げる仕事だとかっていう大きな誤解が生まれたけど、世間の人に言いたい、それはまったく事実と違うって。彫り師ってのは重い伝統を受け継ぐ仕事で、地道な修業が必要。まともにやろうと思ったら、想像を絶する大きな犠牲と努力を求められる。

夜眠れなくなるような不安や悩みはある？
モチベーションとインスピレーションを維持しつづけられるか、という心配はたえずついてまわる。彫り師って、ほかにはない独特な、内側からわき出るものに突き動かされて発揮される技能で、自分の情熱と興味を生かしつづけられるのは自分だけだから。同業者の進歩についていけるか、常に自分を向上させられるか、自己ベストを更新しつづけられるかにも頭を悩ましてる。

10〜20年前の自分に教えてあげたいことは？
ためらいとか不安なんか、窓から捨てちゃいな。

**インスピレーションが必要なときや、
スランプから脱出したいときの特効薬は？**
昔っから、スランプ脱出のための最強ツールは旅。この5年で13カ国、アメリカ50州のうち40州を見て回ったよ。

**これがなくてはやっていけない
道具やモノや儀式はある？**
音楽。毎日のBGMで仕事がどれだけ変わることか。これ、同業者のあいだでいちばん熱い論争になる。愛用のiPodは超大切。目の前にどんな仕事があろうと自分のペースと気分をつくってくれるから。曲はお客さんやタトゥーの種類で変える。その日にふさわしいプレイリストを選ぶのは大事な儀式。音楽はタトゥーと関係ないようでいて、タトゥーを左右するくらい大事なんだ。

> 「長くやっているうちに、
> たくさんのお客様と
> お友だちになれたことが
> うれしいわ」

リサ・
フォラウィヨ

ファッションデザイナー
(ナイジェリア、ラゴス)

子どものころの夢は?
弁護士か作家のどちらかになりたいと思ってたけど、両親にさんざん説得されて、法律の道に進んだの。

駆け出しのころ役立ったアドバイスは?
「ジュエル・バイ・リサ」を立ち上げてまもなく義姉に言われたこと。デザインと仕立ての経験がある彼女が、「絶対に断っちゃだめ。チャンスが来たら必ずつかみなさい。難しくてもできると言いなさい。間違いはきっとする。そこから覚えていくのよ」って。今でも大事な教えよ。数年やってきて、断るべき危ない話は察知できるようになったけど、「ノー」より「イエス」と言うほうが多い。チームのみんなにも、このアドバイスを伝授してる。

仕事場のお気に入りは何?
白い壁とミニマルな内装に映える、あふれるほど豊かな色彩とプリントの生地。アトリエに足を踏み入れるたびに、クールで静謐な空間からはじけ出すような高揚を感じる。真摯さ、喜び、若々しい活気。まるで人間そのものみたい。

キャリアや仕事のために払った最大の犠牲は?
このレーベルを創業する前年に娘を、その後まもなく息子を出産したの。子育てと経営を両立させるのはかなり大変だったけど、何事もそうであるように、これも自然とバランスがとれていった。今でも犠牲は払っているけど、優先順位に苦労することはなくなったわ。

自分の性格でいちばん自慢できるところは?
我慢強さ。

**これがなくてはやっていけない
道具やモノや儀式はある?**
儀式は祈り。ツールは iPhone。もちろん、インスタグラムも欠かせない。

憧れの、あるいは尊敬する女性は誰?
言うまでもなく、母よ。トリニダード出身、若くしてロンドンで魅力的なナイジェリア人の父と出会って結婚。見知らぬナイジェリアに移り住んで、すばらしい家庭を築いてくれた。仕事でも、努力して公務員のトップまでのぼりつめ、大きな成功を収めたのよ。定年退職後の今も、夢や目標を追いつづけてる。母はワンダーウーマン。すばらしい女性。母の半分にでも届くことができたら私は満足。

**世の中にもっとあってほしいものは?
減ってほしいものは?**

もっと愛を。
無関心は減ってほしい。

ミスから学んで成功につながったことはある?
お客様のために最高の顧客経験をつくればリピート率が上がる――これは実体験から間違いない。そういうお客様は、ときには商品ではなく経験のほうを目当てに来てくださる。長くやっているうちに、たくさんのお客様とお友だちになれたことがうれしいわ。

> 「自分だけじゃなく、
> ほかの人たちを引き上げる
> ことに関心のある人を、
> もっと活用してほしい」

クリスティ・
ターリントン・
バーンズ

活動家、モデル
(ニューヨーク州ニューヨーク)

子どものころの夢は？
子どものうちからモデルとして働きはじめたので、夢を見る時間はあまりなかった。でも旅はしたかった。あとは建築家、作家、パイロットかな。

駆け出しのころ役立ったアドバイスは？
「仕事で外国やよその町に行ったら、プライベートな時間を確保して旅をしなさい」。それと「海外に行ったら友だちの知り合いや家族を探し、現地の人ならではの視点からその土地を知ること。そしてその人との関係をずっと大切にすること」

あなたにとって成功とは？
目的がある、人にも自分にも嘘をついていない、人の役に立っている——そう感じられるのが、私にとっての成功ね。

キャリアや仕事のために払った最大の犠牲は？
もう何年も前、最初のビジネスをやっていたころに、結婚前の夫との関係を犠牲にしそうになった。そのとき家族を最優先にすべきと痛感したので、「Every Mother Counts」［訳注：女性の安全な妊娠と出産をめざす団体］を始めたときは、生活をこ

れ一色にしてはならないと肝に銘じたわ。

自分らしく、好きなことをしようと奮い立たせてくれる座右の銘は？
「自己を滅した他者への奉仕が自己を見い出す最良の道」(ガンジーの言葉とされる)

今の仕事を知ったのはいつ？ なぜ惹かれた？
健康の維持と増進を呼びかける活動を始めたのは、1997年に父を肺がんで亡くしてからよ。タバコ依存症だった父の話と父を早すぎる死で失った私自身の話を人に聞いてもらうのは、世間の人が自分や愛する人の健康を改善するために行動を起こす役に立った。それに私自身が、とても癒された。母体の健康を訴える活動家になったのは、自分が母になったその日から。2003年、娘のグレースを出産したとき、分娩にともなう合併症を経験したんだけど、出産で亡くなる女性が毎年何万人もいると知ってショックを受けた。無事に出産できるって、本当はとても恵まれたことなのに、あたりまえのように思われている。それで、すべての母親が適切な妊産婦ケアを受けられるためのキャンペーン「Every Mother Counts」を始めたの。

仕事で経験した最大の成功や誇りは？
人生を変えた出産体験から、たくさんの女性たちに寄り添えるようになったこと。力を合わせて「遠いどこかにいる誰かの人生に手を差しのべよう」と人々に呼びかけるミッションを担っていることを、誇りに思っているわ。

世の中にもっとあってほしいものは？
自分だけじゃなく、ほかの人たちを引き上げることに関心のある人を、もっと活用してほしい。

「アーティストであるって24時間仕事をしているってことなの」

シズ・サルダマンド

アーティスト
(カリフォルニア州ロサンゼルス)

子どものころの夢は？
二代目クリスティ・ヤマグチ［訳注：日系アメリカ人フィギュアスケーター］だったかな。でも、自分にはアーティストのほうが合ってるとわかってきた。物心ついたときから、母は私を職場に連れていってた、よそに預ける余裕がなくて。私はいつも隅っこでお絵かきしてた。そうやって絵の腕を磨いたわけ。住んでいた町に大規模で活発なチカーノ［訳注：メキシコ系アメリカ人］のアートシーンがあって、その影響も大きかった。「創造力を使って何ができるか」という刺激をもらったわ。で、高校を卒業して UCLA の芸術学部に進んで、アーティストの道を歩みはじめたの。

キャリアや仕事のために払った最大の犠牲は？
アーティストであるって、24時間仕事をしているってことなの。「何時から何時までが仕事の時間」なんて区切りはない。インスピレーションの源泉はないかと常にアンテナを張ってるから。着想したものが形になるまで、食べるのも忘れて取り組むときだってある。休むのがとても難しい、継続的なプロセスよ。

あなたにとって成功とは？
心が健康で、幸せで、収入や地位や肩書きに関係なく安心していられること。

夜眠れなくなるような不安や悩みはある？
イーストロサンゼルスを仕事と生活の場にしていると、今の資本主義がいかに白人至上主義で女性を排除しているかを痛感するし、自分も何気ない言葉でそれに加担していないかって気になる。特定の人たちに対する攻撃が全国的に起きているのを見て、眠れなくなることもある。この国の将来が心配だし、アーティストとして自分はこの問題にどう対峙しているかについても、ぐるぐる考えてしまう。

1億ドルもらったら、ビジネスのやり方を変える？ だとしたらどんなふうに？
もちろん。貧困地区の公立校のアートの授業に資金提供しようかな。アートって、メディアや社会に対する批判的思考を育てる、とても価値あるものだから。

自分でビジネスを始めて得た最大の教訓は？
技術を磨いたり作品を知らしめたりできる仕事をまず見つける、ということ。大学院を出てからしばらく、あるアーティストのアシスタントをしたあと、生計を立てる方法をいろいろ考えて導きだした答えが、タトゥーだった。絵を描くスキルが活かせるから。最初に創作の道に歩み出すきっかけとなった人たちと再会できたのもこの仕事のおかげ。人との親密な関係が生まれたり、トラウマが解放されたり、セラピーにもなったわ。

仕事で経験した最大の成功や誇りは？
イーストロサンゼルスのタトゥーショップで働いているときに、ベネチア・ビエンナーレとロサンゼルスカウンティ美術館（LACMA）とスミソニアンに自分の作品が展示されたのは最高だった。私の誇れる点は、言語だけでなくアートでも異なる世界を自在に行き来できるところよ。

「人としての自分の価値は、
作品や作品への反応とは別」

タオ・
グェン

ミュージシャン、ソングライター
(カリフォルニア州サンフランシスコ)

子どものころの夢は？
俳優、作家、ミュージシャン、それから『オプラ・ウィンフリー・ショー』[訳注：有名人をゲストに迎える人気トーク番組]に出る。これ、いっぺんに。

**クリエイティブの世界にいる女性の
どんなところに憧れる？**
情熱と共感力、作品に全身全霊を注ぎ、世間から失敗の烙印を押されても創作しつづける姿勢。そんな姿勢こそが、創造にいちばん大切だと思うから。自分なりに、その境地に達したいと努力してるの。

あなたにとって成功とは？
曲づくりと演奏を本業にできること。妥協が自分に納得のいく範囲内ですむこと。憧れの人と作品づくりができること。お金がストレスにならない程度に収入があること。やりたいことを追求できる恵まれた立場に感謝し、それを伝えること。

キャリアや仕事のために払った最大の犠牲は？
いちばん悲しい犠牲は、愛する人たちの人生の大事なイベントの多くに出席できなかったこと。相手にも寂しい思いをさせてしまった。この仕事についてまわる悲しい点ね。立ち会えなかった結婚式、誕生会、ディナー、赤ちゃん誕生の瞬間、公園での午後のひとときがどれだけあったか……。愛する人たちが、私がいない

ことに慣れていくのも切ないわ。

ミスから学んで成功につながったことはある？
プロとして犯した最大のミスは甘え。そのとき私は、自分の作品にもプロミュージシャンとして伸び悩んでいることにも不満があって落ちこんでいた。ある意味、心地よい自己憐憫に陥ってたのね。そのせいでドツボにはまった。自分がやることはただひとつ、泣き言をやめて立て直すしかないと学んだわ。もうひとつ大事なのは、人と比べないこと。人の成功を見てモチベーションに昇華したり、お手本にしたりするのはいいけど、比べて絶望するのはダメ。

**自信をなくしたり逆境に陥ったときの
立ち直り法は？**
人としての自分の価値は、作品や作品への反応とは別であることを思い出すようにしている。これを混同して惨めな思いをしたときのことも。世の中で起きているたくさんの物事に比べれば、良くも悪くも自分がやっていることはずっとちっぽけ、これで食べていけてる自分はとてもラッキーなんだ、と。人から応援されて、心からの感謝と尊敬の気持ちをもって活動していれば、あとは大丈夫。立ち直って仕事に戻れる。

**自分らしく好きなことをしようと
あなたを奮い立たせてくれることは？**
仮釈放なしの懲役数十年や終身刑で服役している友人たちの顔を思い浮かべる。私、女性受刑者のためのカリフォルニア連合の活動に参加していて、6週間おきに訪問しているの。彼女たちが私を基本に立ち返らせ、触発してくれる。活動的に、楽しんで生きなければ、って。

「ほかの誰かではなく、自分自身であれ」

オリンピア・ザニョーリ

イラストレーター
(イタリア、ミラノ)

子どものころの夢は？
最初は建築家になってツリーハウスをつくりたかった。次に夢見たのはエンジニア。バナナ・カーみたいな変わった自動車をつくって路上に停めたいなって。その後、宇宙飛行士柄のペンケースをもらって、宇宙飛行士になるのが夢になったこともあるわ。

クリエイティブの世界にいる女性のどんなところに憧れる？
自分の作品について多くを語らず、ひたすら作品づくりに取り組んでいるところ。

ミスから学んで成功につながったことはある？
お金に関してはいろいろ勉強させられたわ。請求書を出し忘れたり、めんどくさいからって領収書の保管を怠ったりしたせいで、もらえるお金をもらえずにいた期間が何年もあった。この仕事を楽しんでいれば、いずれすべてうまくまわるって感覚でいたの。まあ、おバカさんだったわね。その感覚も間違いじゃないけど、きちんとした自己管理と両方ないとダメ、ということを今では理解してるわ。

自信をなくしたり逆境に陥ったときの立ち直り法は？
私は自分を信じていて、いずれいい仕事をするという予感があるの。だからって自己批判をまったくしないわけじゃない。

むしろよくやる。自己批判は、落ち込むより建設的だと思っているから。

自分らしく好きなことをしようと奮い立たせてくれる座右の銘は？
「創造的な人間の人生は退屈によって導かれ、方向づけられ、制御されている。退屈の回避が我々の最も大切な目的である」（ソール・スタインバーグ［アメリカの漫画家、イラストレーター］）

あなたのモットーは？
ほかの誰かではなく、自分自身であれ。

世の中にもっとあってほしいものは？減ってほしいものは？
もっと教育が普及してほしい。減ってほしいのは、教育不足のせいで生じるあらゆるもの。

10〜20年前の自分に教えてあげたいことは？
クマのグミはフルーツじゃないよ。セラピーは面白いかもしれないよ。履いている靴で人を判断しちゃダメよ。

インスピレーションが必要なときや、スランプから脱出したいときの特効薬は？
美術館と書店。本の表紙を眺めたり雲の模様の編みこみ方を立ち読みしたりして、書店で何時間でも過ごせちゃう。

長い1日の仕事を終え、家に帰ってから楽しみにしていることは？
彼氏。裸足。ブレッドスティック（棒型パン）。ベッド。

憧れの、あるいは尊敬する女性は誰？
マルゲリータ・アック。1922年生まれのイタリアの宇宙物理学者よ。ベジタリアンで、本人は意識していなかったけれどフェミニストで、宗教に公然と反対の立場をとった。どれもイタリアのような国ではいまだに普通じゃないことなのに。

「ミスするたびに
これでひとつ学んだ、
改善への一歩だと思うように
してるわ。粘り強いところが
私の最大の強みだし」

ハナ・ゲタッチュー

テキスタイルデザイナー
(ニューヨーク州ブルックリン)

子どものころの夢は？
ごく幼いころから、画家やイラストレーターになりたいと思っていて、暇さえあれば絵を描いてた。建築家には、小さいうちから天職だと自覚していた人が多いけれど、インテリアや家具やテキスタイルデザインの世界はそうじゃない。建築家みたいに、一般の人になじみがある仕事ではないからかしら。私が学生だったころに比べるとだいぶ一般的になったけど。結局、デザイナーが私の性に合っていたみたい。ほかのことをしている自分はもう想像できない。

駆け出しのころ役立ったアドバイスは？
「とにかく始めなさい！　6割しか準備できていなくてもいいから、とにかくやりなさい」。これを聞いていなかったらたぶん、いまだに起業の計画を練っていたわね。完璧主義者じゃないけれど、準備を整えておきたいタイプだから。

仕事場のお気に入りは何？
なんといっても自然光ね。夫と一緒にこのアパートメントを選んだ決め手も、この部屋を（夫の抗議を押し切って）私の仕事場にした理由もこれ。夫は作家で家で仕事をしているから、それまでは夫が自分の書斎を選んでいたの。でも今回ばかりは違った。私がビジネスを始めたのと同時に引っ越しを決めて、今のアパートメントを最初に内見した。私の本拠地をはここ、って直感したわ。アトリエは南向きで、家でいちばん明るい部屋。ふんだんにあふれる光が仕事場に生命を吹き込んでくれる。働きやすくて創造性が素直にあふれてくるの。インテリアデザイナーとして仕事場のデザインをしてきたから、自然光が生産性と健康と幸福感にどれほど大切かはよくわかってる。この仕事場が持てたのは、本当に幸運よ。

キャリアや仕事のために払った最大の犠牲は？
オフィスを離れたことで、ほかのデザイナーとの作業や、クライアントからのフィードバックは犠牲になったかも。デザインのプロセスは共同作業のほうがうまくいくから、ひとりがつらいときもある。だけど、新作は常に友人やデザイナー仲間に送って、共同作業に近い状況にして、他人の視点を得るようにしているわ。

あなたにとって成功とは？
パートナーである職人さんたちの夢をかなえる、経済的な支援ができること。うちの製品を見てエチオピア人コミュニティがプライドを感じてくれること〔訳注：ハナのテキスタイルは出身国エチオピアの文化にインスパイアされている〕。お客様がこのブランドを通じてエチオピア文化を知ってくださること。未来の起業家に刺激を与えられること。どんな形であれ、人々にプラスの影響を与えられること。

1億ドルもらったら、ビジネスのやり方を変える？　だとしたらどんなふうに？
変えるわ！　仲間がほしい。最高財務責

任者（CFO）と最高マーケティング責任者（CMO）を迎え入れて、生産とデザインそれぞれの専任チームをつくって、事業規模を拡大したい。エチオピアに自前の織物工房も持てば、新製品や新技術をもっと試せるわね。エチオピアにより大きなインパクトを与える活動もできそう。でも、大金を手にするって大きな責任も伴うから、やるならしっかり準備しないと。

自分でビジネスを始めて得た最大の教訓は？

忍耐力と機動力。流れに従うことは苦労して覚えた。私は入念に計画するタイプだけど、物事はたいてい計画どおりにいかない。貨物が税関で足止めをくらったり、ラベルのサイズが間違って届いたり、アジスアベバの街じゅうでミディアムグレーの毛糸が品切れになったり（実話よ）。どんな筋書きになっても対応し、与えられた条件で何とかして、パニックにならないように覚悟しておかないとね！

自信をなくしたり逆境に陥ったときの立ち直り法は？

これはまだ手探りの課題なの。ミスするたびにこれでひとつ学んだ、改善への一歩だと思うようにしているわ。粘り強いところが私の最大の強みだし。それと「ガールパワー」な曲を集めたプレイリストを爆音でかける！　世界を動かしているのが誰かを思い出させてくれるビヨンセの歌を聴くと、やる気がみなぎってくるじゃない。

ビジネスを始める前に考えておくべきことトップ3は？

1）ビジョン。自分が何のビジネスをし、誰が対象で、お客様にどんな価値を提供するのかを描けるか。あらゆるディテールがくっきり見えるまでつきつめること。自分にとっての成功のイメージもはっきりさせておくべき。　2）チーム。ひとりでやる場合でも、ビジネスの構築を助けてくれる人を2、3人は見つけておくこと。自分で思っているより助けが必要になるから！　3）資金計画。本格的な事業計画でなくてもいいので筋書きを描いて、初年度の予算もおおまかに把握すること。元々の予算をオーバーしたときに、自己資金をどれだけ投資するかの上限も決めておいたほうがいい。絶対オーバーするから。

それと、誰も教えてくれないけど、事業を興すことと食べていくことは、次の3つのどれかがなければ両立できないわよ。a）フルタイムかパートタイムで仕事を続ける。　b）資金をまかなう仕組みか、ほかの収入源（不動産とか）がある。　c）お金の心配をしなくても生きていけるくらい裕福である。

私も、夫が生活費を負担してくれていなければ、「ボレ・ロード・テキスタイルズ」の創業はもっと大変だったでしょうね。あとは貯金のおかげ。

インスピレーションが必要なときや、スランプから脱出したいときの特効薬は？

私の場合は、いつもアイデアがありすぎる。ありすぎるのも困りものね。優秀なデザイナーは、たえずアイデアを評価し、手を入れて、ベストの結果を出している。私もインテリアの仕事では、10の選択肢を検討して2〜3に絞りこんでからお客様にプレゼンしているけど、もっと決断力を磨いてベストな選択肢を選びだす勘を養いたいわ。テキスタイルデザインのほうは、インテリアデザインより反復性があるからいいの。10通りの色の組み合わせと10通りの模様のバリエーションがほしいと思えば、かなえられるのよ！

「お笑い芸人の技能って、舞台でスベって、なぜスベったのか検証して、同じ失敗をしないようにすること。この技は磨くとスゴイ。失敗にプラスの価値がつく。これ、どの世界でも通じるスキルだよ」

キャメロン・エスポジート

コメディアン、俳優
(カリフォルニア州ロサンゼルス)

子どものころの夢は？
神父。

あなたにとって成功とは？
タイムズスクエアの巨大看板に、自分の顔が出ること。

仕事場のお気に入りポイントは？
通勤距離。仕事机はベッドの足元。

1億ドルもらったら、ビジネスのやり方を変える？ だとしたらどんなふうに？
休みを取るなぁ。休んだほうがいい仕事ができるし、斬新なアイデアも生まれる。でも自営業でしかも定時で働いてないと、24時間仕事になりがち。休むのって難しい。そんな大金があったら人を雇って充電したいと思うけど、私のことだからその時間も仕事しちゃうんだろうなぁ。ちょっといいブーツは履くだろうけど。

キャリアや仕事のために払った最大の犠牲は？
世間並みのスケジュールと収入。

ミスから学んで成功につながったことはある？

お笑い芸人の技能って、舞台でスベって、なぜスベったのか検証して、同じ失敗をしないようにすること。この技は磨くとスゴい。失敗にプラスの価値がつく。これ、どの世界でも通じるスキルだよ。

夜眠れなくなるような不安や悩みはある？

お笑いの世界では、形として「残せた」と言えるものがない。せいぜい名前と自分の記憶とスケジュール帳の記録ぐらい。そのせいか、一瞬でも立ち止まったら今までつくってきたものすべてが消えてなくなるんじゃないかっていう不安がある。

自信をなくしたり逆境に陥ったときの立ち直り法は？

クイーンを聴く。

自分の性格でいちばん自慢できるところは？

不屈の精神。零細企業の経営者だった父と、私が小さいときは家事に専念してそのあと仕事に復帰した母から、人生何事も楽ではないと学んだおかげ。お笑いの世界に入って最初の10年は、世間から叩かれっぱなし。成功するにつれて反発の声も大きくなるから、いい練習になった。少しずつ這い上がってここまで来られたのが、自分でも信じられない。

10〜20年前の自分に教えてあげたいことは？

成功の方程式なんてない。とにかく始める、そして続けること。お笑い芸人としてのキャリアの築き方をよく聞かれるけど、答えは簡単。芸をすること。何度も何度も。初舞台に上がる勇気ができたら、あとは繰り返せるかどうかだけ。

はたからはわからない、フリーランスの苦労は？

孤独。社長も社員も私だから。すばらしい仕事仲間に恵まれているし、100パーセント信頼できるフィアンセとコラボしたり、悩みを話せる自分は運がいいんだけど、でも、最終的には自分だけが頼り。

ビジネスのアイデアや自分がやりたいことに気づいたのは、いつ、どこで？

実家の勉強部屋で。ボストンから地元のシカゴに戻ってきて、親と暮らしながらソーシャルワークの勉強をするために大学院に進む準備をしていたのに、お笑いを本職にしたいって気づいた。自分の心を見きわめるために、半年は大学院に通ったけど、やっぱりソーシャルワーカーになる気はないとわかった。

インスピレーションが必要なときや、スランプから脱出したいときの特効薬は？

体を動かす。ロサンゼルスの山のふもとに住んでるので、なるべく毎日ハイキングしている。頭のもやもやをすっきりさせるために。それに、ひとりで仕事しているとどうしても思考が内向きになるから、そこから抜け出して「世の中は広いし、いろいろあるんだ」って思い出すためでもある。

1日のよいスタートを切るために、朝いちばんにすることは？

すぐメールに返信する。不健康？

憧れの、あるいは尊敬する女性は誰？

芸人仲間のマリア・バンフォードを心から敬愛してる。彼女はお笑いにまったく新しいジャンルを切り拓いた——ごく個人的なささいなネタを、絶妙に危なっかしい表現でやるっていう。私が初めてツアーの前座を務めたのも彼女だけど、舞台でもありのままの彼女を見て、メインで出演するような芸人にはとても手が届かないって思った。同時に、よしやってやろうじゃないかとも思ったんだけどね。

クリエイティブの世界にいる女性のどんなところに憧れる？

プライドのある女性が好き。
謙遜して
自分をあとまわしにしたり、
自分の業績を
何でもないことのように
言ったりしない女性がね。

「自分が成長したい場所に行くべきね」

シャディ・ペトスキー

作家、ショーディレクター
エグゼクティブ・プロデューサー
(カリフォルニア州ロサンゼルス)

キャリアや仕事のために払った最大の犠牲は？
大切なものをあきらめたって感覚はないかな。私は大学に行ってないし、自己免疫疾患があるし、15年前に性転換してるしで、就職するのは困難だった。自分のスタジオ「ピュニー・エンターテインメント」を立ち上げたのは、クリエイティブの仕事をするにはそれしか選択肢がなかったから。犠牲らしい犠牲は思いつかないな——世の中が無数のマイクロアグレッション［訳注：自覚なき差別行為］で、私に進む道を教えてくれたってだけ。

あなたにとって成功とは？
私にとって意味のある成功は「アイデアを実現する」、それだけ。自分の番組は持ちたいけど、パイロット番組の制作とかいろいろ小さい試みを続けていられれば、成功していないとは感じない。コラボレーションがうまくいけば成功だと思える。

ミスから学んで成功につながったことはある？
とくに思いつかないけど、ミスはしょっちゅう。人に頭を下げてばっかり。ミスは、うまい方法を見つけるための代償。

夜眠れなくなるような不安や悩みはある？
たいていプロジェクトの終了にまつわる不安。次の仕事はある？ 大嫌いなマーケティングの仕事をするしかない？ 新

しい台本が用意できる？……悩むだけ無駄だから、眠ることに集中するけど。

自信をなくしたり逆境に陥ったときの立ち直り法は？

バカにしつつも「マインドフルネス」にハマって、週2～3回セラピーに行ってる。自己啓発書も読んで、思いつめないための小さなコツをたくさん持ってるわ。頭の中で展開するネガティブな場面に、木の枝が張りめぐらされていくのを想像したりとか。『The Nerdist Way（オタクの流儀）』って本で紹介されてる方法だけど。

今の仕事を知ったのはいつ？　なぜ惹かれた？

高校のときから数学が得意でコンピュータにハマった。20歳のころ、一緒にレストランで働いてた高校時代の友人もコンピュータおたくで、その子からパソコンを借りたとき、自分にはプログラミングの才能があるって気づいたの。やがて業界にもぐりこんで、漫画家で大手制作会社のアートディレクターだったヴィンセント・ストールの隣で働くようになった。プログラマーとして雇ってもらったの。彼から肩越しに文字間を詰める指示とかピクセルの繊細な調整法を教わりながら、デザインを覚えていったのよ。

仕事で経験した最大の成功や誇りは？

まちがいなく、子ども向けTV番組『Yo Gabba Gabba!』。ロックバンド「アップルズ・イン・ステレオ」のロバート・シュナイダーが言ってたけど、「子どもは究極のクリエイター。誰よりも踊るし、絵を描くし、歌う」。バンドマン、芸人や俳優、アーティストやデザイナー、それに視聴者もみんな、あの番組をすごく愛してたし、誰もが参加したがってた。短時間のビデオやゲームから、あれだけファンアート［訳注：ある作品を元にファンが展開する創作物］がつくられたんだから。地方公演のオープニングの晩、何千人ものちっちゃい子たちが踊ってて……あの感動は二度と味わえないんじゃないかな。商業的には60数回放映して、200回アクシデントがあって、生き急いで若死にした番組だったけど。番組に関わった誰もが「これからどうしよう？」って感じだったわ。

クリエイティブ系のビジネスを始める人に勧めたい備えは？

起業と営業トークに関する本を手当たり次第に読みなさい。図書館で何でも借りて、万人に通用する魔法の本はないから、たくさん読んでふるいにかけること。ビジネス書やインスピレーションをもらえる本を読むだけでも、心構えはできる。

今の自分から見て、駆け出しのときこうすればよかったと思うことは？

すぐロサンゼルスに転居すればよかった。トランスジェンダーだから身の安全が不安だったの。映画『ハートブレイク・タウン』のリッキー・レイクを見て、彼女の人生が自分の未来だと確信したせいよ。不安は前よりはなくなったと思いたいけど、今でも場所は大事。自分が成長したい場所に行くべきね。

世の中にもっとあってほしいものは？減ってほしいものは？

もっとあってほしいのは、人の話を聞く姿勢。生半可な知識を披露するより学ぶ姿勢。それにインターセクショナリティ［訳注：偏見や差別を、個別ではなく総合的にとらえること］。減ってほしいのは消費。動物たちを犠牲にしてまで飽食する必要はない。

自分の性格でいちばん自慢できるところは？

私は独学タイプ。ひとたび集中すると時間が止まるオタク脳の持ち主なの。ダメなことにも集中しちゃうけど、正しく使えばとても役に立ってくれる特性よ。

あなたのモットーは？
「深みにはまれ」。アイラ・グラス（アメリカのラジオパーソナリティ）の言葉。

これがなくてはやっていけない
道具やモノや儀式はある？
水性ペン。方眼紙。シャワーと昼寝。

憧れの、あるいは尊敬する女性は誰？
私が憧れるのはだいたい女性。もう何年も追っかけてないんだけど、ひとり挙げるなら、アニー・ディフランコ。彼女に称賛と憧れを捧げるわ。19〜24歳までは、ほとんど彼女のライブにしか行かなかったし、彼女の歌しか聴かなかった。私の人格と政治的思想を形成してくれたのは彼女よ。アニーは共感、魂、ビジネスの自律性、リベラルなフェミニズム、性の自由、旅の大切さのシンボルなの。

インスピレーションが必要なときや、スランプから脱出したいときの特効薬は？
仕事をやり通す。
散歩はしても、
買い物や用事で
出かけたりはしない。
「インスピレーションを探す」
って、私の場合は
危険な行為に
なりかねないから。

「自分は生き延びて何度でも立ち上がるとわかっているから、どんなつらいことも切り抜けられるの」

アミーナ・ムッチオーロ
アーティスト、デザイナー
(カリフォルニア州ロサンゼルス)

子どものころの夢は？
ちょっとだけジャネット・ジャクソンになりたかった時期もあるけど、それ以外は5歳のときからずっと作家。

仕事場のお気に入りは何？
すばらしい自然光。すべての窓を全開にすると、空に浮かんでる気分になる。夢のようよ。

あなたにとって成功とは？
自分を愛して受け入れること。自分の創造性で周囲にいい影響をもたらすこと。

自分でビジネスを始めて得た最大の教訓は？
助けを求めたり探したりするタイミングね。「スタジオ・ムッチ」は大きく成長する局面が何度かあったけど、そのつど、最後まで助けを求めるのをためらって、自分で自分の首を絞めちゃった。弁護士や会計士のアドバイスとか、家族や友人の手伝いとか、必要な人を雇うとか、いまだに苦労してるわ。アーティストが経営する場合につきものの悩みなんでしょうね。でも、ビジネスですべきことに気づくのはかなり得意になってきたわ。とくに自分ではできない類のものは。

自信をなくしたり逆境に陥ったときの立ち直り法は？
必ずしも簡単ではないけど、私の強みは何といっても逆境をはね返す力。うつ、過食症、貧困……今までいろいろあったけど生き抜いてきたんだから、何があってもやっていけると思ってる。もちろん、お風呂で思わず涙が出たり、不安でどうしようもなくなったりするときもある。でも、自分は生き延びて何度でも立ち上がるとわかっているから、どんなつらいことも切り抜けられるの。

今の自分から見て、駆け出しのときこうすればよかったと思うことは？
もっと早く真剣に取り組めばよかったな。この事業の前にビジネスの経験がなかったから、自分のデザインを売りはじめたら、いきなり注文が次々入って、どうしていいかわからなくなっちゃって。やりながら覚えていけばいいかって、見切り発車だったのよ。何事もそうだけど、とくにビジネスは、事前の準備とリサーチを少しでもやっておくと全然違うと身にしみたわ。

自分の性格でいちばん自慢できるところは？
弱くてもいいって自分を許してるところ。それだけでも、かなうなんて夢見たことさえない人生を歩む助けになってくれた。

長い1日の仕事を終え、家に帰ってから楽しみにしていることは？
静けさ。今の世の中で静かな時間ってなかなか持てないじゃない？　完全に静まり返った時間をすごく楽しみにしてる。たとえ10分間だけでもね。

「人にはやさしく。
謙虚さを忘れない。
お返しをする」

ジャスティナ・ブレイクニー

デザイナー、アーティスト、
インテリア書著者
(カリフォルニア州ロサンゼルス)

子どものころの夢は？
サーカスのブランコ乗り。中学時代は美術の先生。高校時代はニュースキャスターか外交官に漠然と憧れて、最後はフォークシンガーになろうと決めてたわね。

**駆け出しのころ役立った
(または無視して正解だった) アドバイスは？**
「深呼吸して、倍を要求しなさい」。無視したアドバイスは、「ブログなんてもう終わってるから、今から始めるのは時間の無駄だよ」。2009年にブログを始めたとき、何人かから言われたの。今からブログを育ててビジネスにつなげようなんて遅いよって。それを押し切って自分のブログを続けた。やっていて楽しかったから——ちゃんと報われたわ。

夜眠れなくなるような不安や悩みはある？
お金のことはストレスね。自分を実業家だと思えるまでには何年もかかったし、いまだにお金は苦手。お金のことを任せられるコンサルタントかマネージャーを雇わないといけないかな、とよく感じるわ。でも、何が自分のビジネスのためになるかが誰よりもよくわかっているのは自分だし、自分のビジネスの先行きに誰よりも関心を持てるのも自分だってだんだん

わかってきた。今は直感を信じることと、何でも質問することを特訓中。

憧れの、あるいは尊敬する女性は誰?

フリーダ・カーロ。あの一点の曇りもない気品、すごい才能、勇気、大胆さ、繊細さ。

ミスから学んで成功につながったことはある?

何カ月も売り込みとミーティングを重ねて、憧れの超大手企業から小物のコレクションをデザインするライセンス契約を勝ち取ったことがある。天にも昇る心地だったけど、プレッシャーも大きかった。コレクションを手がけるのは初めてで、見本製作や製造工程にはまるで不案内だったから。何カ月もかけて構成を考えて、得意ではない工場向けの技術指示書と仕様書を作成したわ。バイヤーから何十回もダメ出しされて。それなのに、工場からあがってきた見本は、私のデザインとは似ても似つかぬ代物だった。結局、その一度の見本だけを見て、企業側はこの話をボツにした。本気で泣いた。追い打ちをかけるように、支払いは注文後という契約だったことが判明した。注文がなかったわけだから、支払いもなし。立ち直るのは並大抵ではなかったわ。以来、見本製作と製造を猛勉強した。また、この一件で自分の強みで勝負すべきだとも学んだ。仕様書や技術指示書の作成はテクニカルデザイナーを雇って、自分はクリエイティブな部分に専念するようになったの。契約にも慎重になった。今は前払い金をもらって、実際に販売されるかどうかにかかわらず、働いた時間分の報酬は確保してるわ。

**自分らしく好きなことをしようと
奮い立たせてくれる座右の銘は?**

「歩けるなら、踊ることができる。話せるなら、歌うことができる」(アフリカのことわざ)

仕事で経験した最大の成功や誇りは?

著書『ボヘミアンスタイルのインテリア』(エクスナレッジ)がちょうど『ニューヨーク・タイムズ』のベストセラーリストに載ったところなの。夢みたい。読者が自宅に私のアイデアを採り入れて、色彩とファンタジーあふれる暮らしにしているのを見聞きするのも喜びね。

**ビジネスを始める前に考えておくべきこと
トップ3は?**

1) 安定を求めているなら、起業はお勧めしない。

2) 物事を動かすには、仕事へのとてつもない情熱と本気の愛情が必要。

3) 自分のビジネスの理想像を明確に思い描き、それにふさわしいふるまいをする。

あなたのモットーは?

壊れてないものを、
直そうとするな。

**1日のよいスタートを切るために、
朝いちばんにすることは?**

家族とのハグ。

**長い1日の仕事を終え、
家に帰ってから楽しみにしていることは?**

娘がアイスキャンディでべたべたになった手と顔で「ママー!」と叫びながら走り寄ってくれること。

自分でビジネスを始めて得た最大の教訓は?

ささいなことにくよくよしない。怖れにもとづいた決断をしない。断るべきときは断わる。自分とビジネスを信じる。人にはやさしく。謙虚さを忘れない。お返しをする。

「制作中は、
方向性が見えてくるまで
自分と作品をかなり
切り離すようにしてますね」

マヤ・リン

アーティスト、建築家、彫刻家、
デザイナー
(ニューヨーク州ニューヨーク)

駆け出しのころ役立ったアドバイスは？
大学院では専攻が建築学だったのに、アート制作にかまけていました。でも、恩師のフランク・ゲーリー先生が「どちらかを選ばなければなどと悩まず、そのまま両方を追求していけばいい」と言ってくださったんです。

夜眠れなくなるような不安や悩みはある？
作品に強さが欠けていないかということ。

自分でビジネスを始めて得た最大の教訓は？
私は自分の仕事をビジネスとは考えていません——広げずに、美術家の工房としてアプローチするようにしています。

**自信をなくしたり逆境に陥ったときの
立ち直り法は？**
制作するときは、まず作品への疑いや葛藤があって、それから探求し、発見し、形にしていくというプロセスをたどります——方向性が見えてくるまで、自分と作品をかなり切り離すようにしてますね。

**これがなくてはやっていけない
道具やモノや儀式はある？**
お茶と音楽と光です。

「成功も失敗も
まったく自分次第。
決断の積み重ね」

イッサ・
レイ

作家、ディレクター、俳優
(カリフォルニア州ロサンゼルス)

子どものころの夢は？
作家、恐竜、ちょっとの間だけ警察官。

**クリエイティブの世界にいる女性の
どんなところに憧れる？**
自己管理力。毎日書くのも大変だけど、誇りに思えるような作品を完成させ、さらにそれを継続的に行なうというのはもっと大変。手をつけて結局完成できなかった作品は山ほどあるわ。途中でくじけたり、なまけたり、飽きちゃったりしてたから「この作品の出来がどうであろうと、とにかく最後まで仕上げる」クリエイティブの世界の女性を尊敬する。

あなたにとって成功とは？
好きなものをずっとつくりつづけて、気分よく幸せでいられること。

仕事場のお気に入りポイントは？
よりどりみどりなところ。自宅のデスク、スターバックス、近所のコーヒーショップ兼レストラン、街なかのカフェ、うちと同じ建物にある図書館……、それらをぐるぐる回ってるの。環境を変えたり、人々が生産的な活動をしている場に身を置いていると、仲間に囲まれて仕事してる気になれるから。

ミスから学んで成功につながったことはある？
他人の直感をうのみにして（相手のほうがよくわかってると思って）自分の直感を無視したことが何度かあった。そうするのをやめてから勉強するようになり、ビジネス上の判断にも、以前より自信が持てるようになったわ。

夜眠れなくなるような不安や悩みはある？
下手な作家、というレッテルを貼られないかというのが不安。

**自信をなくしたり逆境に陥ったときの
立ち直り法は？**
自分は大好きなことをしているし、大好きな人たちの力にもなれているんだ、と思い出すようにする。

**自分らしく好きなことをしようと
奮い立たせてくれる座右の銘は？**

「世の中に
最高のものを捧げれば、
最高のものが返ってくる」。
わが家の家訓なの。

自分の性格でいちばん自慢できるところは？
共感力。

**はたからはわからない、
フリーランスの苦労は？**
成功も失敗もまったく自分次第。決断の積み重ねだということ。

**これがなくてはやっていけない
道具やモノや儀式はある？**
スマホで世の中で起きていること（ニュースとゴシップ）をチェックするまでは仕事に集中できない。それをやらないと、取り残されたような気になっちゃって。

> 「他人に接するときは、
> 自分ならどうされたいかを
> 考えなさい」

アマダ・クルーズ

美術館長
(アリゾナ州フェニックス)

子どものころの夢は？
バレリーナよ。

**クリエイティブの世界にいる女性の
どんなところに憧れる？**
果敢さかしら。自分のビジョンに忠実で
ありつづけるのは勇気がいることだもの。

**1億ドルもらったら、ビジネスのやり方を
変える？ だとしたらどんなふうに？**
美術館の入場料を無料にしたいわ。

キャリアや仕事のために払った最大の犠牲は？
アートの世界で働くことに犠牲がともな
うとは考えていません。むしろ特権ね。
望むことがひとつあるとすれば、考える
ためだけの時間がもう少しほしいかな。

**自信をなくしたり逆境に陥ったときの
立ち直り法は？**
プロとして健全な距離を置いて見れば、逆
境は一時的な状態だとわかる。問題から
一歩引く、分析する、前に進む。これは効
くわよ。

あなたのモットーは？
「他人に接するときは、自分ならどうされ
たいかを考えなさい」

**世の中にもっとあってほしいものは？
減ってほしいものは？**
寛容さをもっと。強欲さは減ってほしい。

「創業時は仕事の量も
気苦労も半端じゃない。
でもそれって犠牲かな？
切符を買って飛び乗れ、よ」

リズ・
ランバート

ホテル経営者
（テキサス州オースティン）

子どものころの夢は？
物心ついて最初になりたいと思ったのは、カウボーイ以外だと弁護士。小学校2年のとき。どこからそんな考えが降ってわいたのかはわからないけど。

駆け出しのころ役立ったアドバイスは？
最初は右も左もわからなくて、いろいろアドバイスを聞きにいった。業界誌に載っていたチップ・コンリー（「ジョワ・ド・ヴィーヴル」ホテルグループの創業者。今はAirbnbのグローバル・ホスピタリティ部門担当副社長）にも、いきなり電話をかけて自分の事業計画書を見てもらった。計画書といってもシロウト考えを並べただけ。驚いたことに彼は会ってくれたけど、何を言っているのかさっぱり理解できなかった。事業を始めるなら、財務報告書の読み方を覚えてキャッシュフローを理解するしかない、これが私の学んだいちばん大事なこと。どんなに創造の才能があっても、ビジネスの仕組みがわかっていなければ事業は立ち行かない。始めたいのはビジネスなわけだから。

起業で払った最大の犠牲は？
続けていけるのかと悩んで眠れない夜は

たくさんあった。創業時は仕事の量も気苦労も半端じゃない。でもそれって犠牲かな？　切符を買って飛び乗れ、よ。

あなたにとって成功とは？
チャンスをものにする。面白い人たちと一緒に仕事をする。頭と手でつくり出したものに好奇心を持つ。優れたデザインと優れたおもてなしを生業（なりわい）にする。

自分でビジネスを始めて得た最大の教訓は？
言い古された言葉だけど、「人が最大の財産」。自分ひとりで何もかもはできないし、やろうと思ってはいけない。適材を適所に配せば仕事は楽になる。それに人から学ぶことはたくさんある。ビジネスは大勢の力があって成り立つものなのよ。

ミスから学んで成功につながったことはある？
ホスピタリティ業界では、「すべてスムーズに運ぶより、ミスがあって挽回するほうがお客様の記憶に残る」と言われてる。ミスをしても、お客様の立場に立って対応できれば、双方に満足した結果になる。

自信をなくしたり逆境に陥ったときの立ち直り法は？
これまでいろいろあったけど、自分のビジョンと情熱、それに初心を思い出して、足を引きずりながらも歩きつづけるしかない。いろいろ読んで勉強しながら。逆境に耐えながら同じ道を歩んだ先人はたくさんいる。嵐に立ち向かうしかない。

自分らしく、好きなことをしようと奮い立たせてくれる座右の銘は？
「ゆっくりやることに価値があると言う人もいるだろうが、俺に言わせれば速いほうがいい。ずっとそう考えてきた。それでトラブルに巻きこまれることがあってもな。大砲からぶっ放されるほうが、チューブから絞りだされるより絶対にいい。だから神は高速のオートバイを創りたも

うたんだ」（ハンター・S・トンプソン［アメリカの作家、ジャーナリスト］）

今の仕事を知ったのはいつ？　なぜ惹かれた？
祖父に連れられてオデッサ（テキサス州）の中心部にあるホテルに行ったのが最初の記憶。牧場主の祖父にはオフィスがなかったから、打ち合わせは街なかの高級ホテルでしていた。靴磨きや新聞の日曜版のサービスがあるようなところ。私はまだ4、5歳だった。祖父は私を連れて歩くのが好きでね。革張りのソファ、タバコの煙……。大人たちは商談をして、話がまとまれば握手する。母もホテルが好きだった。一緒に都会に出たときには、ホテルに行って何をするかが儀式のように決まってた。ホテルへの思い入れは、祖父と母から植えつけられたものだね。

あなたのモットーは？
「日の高いうちに干し草をつくれ」［訳注：好機を逃すなの意］。祖母によく言われた。

ビジネスのアイデアや自分がやりたいことに気づいたのは、いつ、どこで？
はっきり覚えてる。私がテキサス州の訴訟弁護士だったとき、親友のトニー・ウィニックがエイズで死の床についていた。ずっと目標にしてきた兄も HIV と診断されたばかりで、当時それは死の宣告に等しかった。そんなある日、サンフランシスコのホテルでシャワーを浴びながら、人生にとって本当に大事なことをやらなくちゃ、と思った。無難に生きたってしょうがない、って。自分でもわけがわからなかったけど、シャワーを出たときには心が決まっていた。そしてオースティンに戻ってから、それまで何カ月もバーのカウンターから窓越しに眺めていた「サンノゼ・モーテル」のドアを叩いたの。

インスピレーションが必要なときや、スランプから脱出したいときの特効薬は？

旅。
家からちょっと歩くだけでもいい。
さらにもう少し足を延ばしても。
環境を変える、旅をする、
いつも、もっと先へと足を延ばす。
他人の人生を
見にいくのよ。

「本物であること。そして覚悟に憧れる」

マルティーヌ・ローズ

ファッションデザイナー
(イギリス、ロンドン)

子どものころの夢は?

小さいころは踊ったり演じたりするのが好きで、家族に見てってせがんだのを、はっきり覚えてるわ。でも、大きくなるにつれてはにかみ屋になって、人目を気にしはじめた。ファッションを意識するようになったのは、ずっとあとになってからよ。

クリエイティブの世界にいる女性のどんなところに憧れる?

本物であること。そして覚悟。

あなたにとって成功とは?

定義が難しいわね、成功って形にしづらいから。でも「思いが通じた」という手ごたえとして考えると、仲間、とくに尊敬して一目置いている人やデザイナーからの敬意という形で測れるかな。私は教える仕事もしているので、自分の作品が若い世代に影響を与えているのをまのあたりにすることもある。もちろん、私の職業で成功といえば、ファンタスティックなアイデアと商業的な成功の適正なバランスがとれることだろうけど。

仕事場のお気に入りは何?

シーズンの始まりの、何もないまっさらな大きな壁。

自信をなくしたり逆境に陥ったときの立ち直り法は?

決まった方法はないわ。いろいろなことをやっては切り抜けている感じ。でも瞑想は、もうかれこれ10年くらい続けている。ふだんからやるべきなんだけど、本当につらい時期だけ毎日瞑想して、それが大きな心の慰めとモチベーションになっているの。家族と友人にも、うんと頼るわ。それから、視野が広がって大局観が得られる場所にこもったりもする。つらいときは、どうしても大きな見方ができなくなるから。

あなたのモットーは?

常に万人を喜ばせることはできない(仕事面でのモットーよ)。

はたからはわからない、経営の苦労は?

ピンチのときでもチームのみんなの前で平静を装うこと。

インスピレーションが必要なときや、スランプから脱出したいときの特効薬は?

図書館。

世の中にもっとあってほしいものは?減ってほしいものは?

自由な考えの持ち主がもっと増えてほしい。企業の数はもっと少なくていい。

「頭で考えすぎず、
間違ってもいいと
思うようにすること」

フェイ・アンドラーダ

ジュエリーデザイナー
(ニューヨーク州ブルックリン)

子どものころの夢は？
ファッションデザイナー。当時の女の子で憧れた子は多かったんじゃないかしら。80年代のちょうど真ん中、マドンナとかデニース・ハクスタブル［訳注：TVドラマに登場する女の子］に大きな影響を受けたの。今思うと、人と違っていていいんだと背中を押してもらえてよかった。それがしっかり自分の一部になっている。

駆け出しのころ役立ったアドバイスは？
「自分が気に入らないからって、人も気に入らないとはかぎらない」。ジュエリーの先生が言ったこのアドバイスは、今もよく思い出す。自分からつけようと思わないジュエリーを売るなんてとんでもないと思う一方で、いまひとつだったデザインがだんだん気に入ってきて、いちばんのお気に入りになることもある。大事なのは頭で考えすぎず、間違ってもいいと思うようにすることだと考えているわ。

仕事場のお気に入りポイントは？
私の仕事場は、ほぼ同年代の女性が経営する小さなものづくりの会社が集まっているところにあるの。アトリエは別々だけど、共有の美しい屋外エリアでアイデア交換したり、ごはんを一緒に食べたり、

ものを貸し借りしたりする。入居したときはまだ趣味のようなものだったけれど、まわりの才能と知恵とエネルギーが私を支え成長させてくれたのよ。

キャリアや仕事のために払った最大の犠牲は？

予想外の犠牲は、けっこう気に入っていた会社員の身分を失ったこと。チームの一員として上司を喜ばせるのもそれなりに充実してた。一日中デザインだけしていればよかったし。経営の仕事は苦手だし、事務作業に追われることも多い。締め切りを設定したり、1日の終わりにねぎらったりしてくれる人もいないしね。

あなたにとって成功とは？

私にとって成功とは、たえず動いている標的。これは人間の性（さが）じゃないかな。ときどき、ふと暇になったときに、ずいぶん遠くまで来たものだと振り返って、成功を実感しなさいよと自分に言い聞かせたりするの。年齢と経験を重ねたら、そういう瞬間がもっと長く、もっと自然に訪れるといいんだけれど。

自分でビジネスを始めて得た最大の教訓は？

私情を入れないこと。感情抜きに純粋にビジネスとして運営するのって、クリエイティブな仕事ではとくに難しいけど、できてしまえばとても楽よ。初めて展示会に出展したときは、自分のブースを素通りされるたびにいちいち落ちこんでいたけど、今は「持ち時間もデザイナーの数も予算も決まっているバイヤーを、私のブースに来てもらうことで楽にするにはどうしたらいいか」って考えてるわ。

ミスから学んで成功につながったことはある？

最初は、リーダーがいちばんよくわかっているべき、と思っていたから、自分より知識のある人を雇うという発想がなかったけれど、息子を妊娠して人に任せざ

るをえなくなったことで、仲間がもたらしてくれる自分にないスキルや才能を、一歩引いた視点で見られるようになったわ。

自信をなくしたり逆境に陥ったときの立ち直り法は？

アトリエから出て、私のビジネスを支えてくれている人にじかに会いにいく。自分ひとりの頭の中から抜けだして、活気のある街を眺めると、確実にやる気とインスピレーションがもらえるから。

ビジネスを始める前に考えておくべきことトップ3は？

クリエイティブ系で起業したい人には必ず、日々の雑務の量を考えておくよう勧めている。「好きなことが見つかれば、仕事が仕事でなくなる」というけど、ちょっと違うんじゃないかな。好きなことが見つかっても、それを販売して、出荷して、支払い請求のメールを送る仕事がある。それと、ライフステージごとにビジネスをどうするかも想定しておいたほうがいい。別の州に引っ越したり子どもができたりしたらどうするか。成功したときの準備ができているかどうかも。

世の中にもっとあってほしいものは？

スモールビジネスを始めたいクリエイターへの支援がもっとあってほしい。アイデアにあふれたクリエイターがたくさんいるのに、資金や法律の支援がないから。

インスピレーションが必要なときや、スランプから脱出したいときの特効薬は？

自信をもって言うけど、ニューヨークの地下鉄に乗ると、何をしているどんな人でもインスピレーションがもらえるわよ。

長い1日の仕事を終えたあと、家に帰ってからの楽しみは？

夫と息子と犬と冷蔵庫。

147

「時間と人生の熟成を
待ちましょう。
何事も一夜にして
起こらないものよ」

フランセス・
パーマー

陶芸家
(コネチカット州ウェストン)

駆け出しのころ役立ったアドバイスは？
当初、陶芸家としてやっていくために苦労したのは値付け。制作にかかった膨大な時間に見合う金額にしたかったけど、「彫刻作品」と違って生活で使うものにそんなに払ってもらえるかしらと悩んで。でも、高級宝飾品を扱う仕事をしている親友が、コストを積算していけば、自然と納得のいく価格がわかると教えてくれて、以来そのアドバイスを守ってるわ。

あなたにとって成功とは？
自分が信じる器、人がそれぞれの生活環境で楽しめる器をつくれることが、私にとっての成功。作品は世界中に送られる。私の器がお客様に毎日使われ、人々の生活を少しでも美しいものにしていると思うと、とても幸せな気持ちよ。

ミスから学んで成功につながったことはある？
陶芸は試行錯誤の連続だし、焼成は一種実験みたいなところがあるの。作品づくりにミスはつきもの。ろくろ成形からしてそうで、陶土が意図したのと違う形になることはしょっちゅう。それに、焼成と釉薬がけは自分でコントロールできない。でもそこが、この芸術の最大の魅力

なんだと思うの。作品に自分が関わったのはごくわずかで、偶然にまかせる部分もある。それがいいのよ。

自分らしく、好きなことをしようと奮い立たせてくれる座右の銘は？
「ローマは1日にして成らず」。この言葉は、私の人生すべてにあてはまる気がする。時間と人生の熟成を待ちましょうという意味よね。人間関係、仕事、目標……何事も一夜にして起こらないものよ。

今の仕事を知ったのはいつ？　なぜ惹かれた？
大学と大学院では美術史の学位を取り、陶芸と古代文明に親しんだ。昔から手仕事は好きで、自宅では園芸を楽しんでた。園芸と料理と手仕事というライフスタイルの総仕上げとして陶器をつくりたくなったのは、赤ちゃんだった娘を連れて、一家でコネチカットに転居したときよ。

自分の性格でいちばん自慢できるところは？
根気強さかしら。

あなたのモットーは？
「段は段であり段である」。ガートルード・スタインの「薔薇は薔薇であり薔薇である」のもじりなの。1段編むたびに、そのぶん完成に近づく。昔はよく編み物をしてたの。私はこの言葉を、何でもやりとげることの比喩に使っている。人はまとまった時間を求めがちだけど、物事は少しずつ段階を踏んでこそ美しく完成する、と思う。陶芸と園芸はとくに。

憧れの、あるいは尊敬する女性は誰？
ルイーズ・ブルジョワ（アーティスト）やルーシー・リー（陶芸家）のような芸術家に憧れるわ。でも女性としていちばん憧れるのは、実際に知っている私の友人たち。彼女たちがしていることや日々の努力を尊敬している。なにより彼女たちの友情に感謝しているの。

「ペースを落とせば、
作品が生まれる空間が
できるのよ」

キャロリーナ・
イベイド

詩人、編集者
(コロラド州デンバー)

子どものころの夢は?
父の話では、「アイスクリーム・レディ」というトラックで近所に売りに来ていたアイスクリーム屋さんになりたいと言ったそうよ。私自身の記憶では、物心ついたころからずっと作家になりたかった。

駆け出しのころ役立ったアドバイスは?
私自身が実感していてほかの作家にも伝えたいのは、毎日幅広く、ひたすら読むこと。それが作品を生み出す源泉になるから。読書は、作家であってもなかなか習慣にしづらい。そのぶん執筆ペースを落とさなければならないから。でも、ペースを落とせば、作品が生まれる空間ができるのよ。

仕事場のお気に入りは何?
ここ数年は引っ越しが多かったけれど、どの家でも運よく書斎スペースには窓があった。窓と、そこから入る自然光がずっと私のお気に入りよ。

あなたにとって成功とは?
机に向かって次の作品を書いている詩人。

夜眠れなくなるような不安や悩みはある?
詩はあまりお金にならない。だから多くの詩人は教壇に立つか、執筆の時間が取れる別の仕事を探すんだけど、経済面と創作とが両立する仕事がない、という悩みは常につきまとうわ。

自分でビジネスを始めて得た最大の教訓は?
私は放っておいたら書かない人間だけど、「毎日書く」という行為には、ただぼんやりと考えるような活動も含まれると認められるようになったわ。読書やほかの芸術に触れるのもそう。バスを待っているときに言葉を走り書きしたり、会話を中断して考えを記録したりするのでもいい。私はノートを持ち歩くか、iPhone の Notesというアプリを使って、聞こえてきた誰かの言葉の切れ端、フレーズ、イメージ、詩やエッセイに使えそうなものは何でも書き留める。手当たり次第に。それをあとで組み立てるの。

ミスから学んで成功につながったことはある?
私は遅咲き。もう4冊くらい出しているんでしょと言われるけど、初めての作品集が出たのが2016年。40歳に手が届こうというときだった。多作ではないし、書くのも遅い。それで一時は自分のペースと作品そのものに疑いを持ったけれど、あれがミスだったわ。成熟するにつれ、自分の進歩についてのそうした疑いは消えていった。

**自信をなくしたり逆境に陥ったときの
立ち直り法は?**
私の場合、フェローシップを獲得したり賞を受賞したりといったよいことが起こると、小さな疑いが幸福感をむしばみはじめるの。何かの間違いだろうとか、ラティーナ［訳注：中南米系］だからもらえたんだろうとか。詩人の夫には、認めてもらったことは素直に受け取ればいいんだよ、と励まされるけれど……。

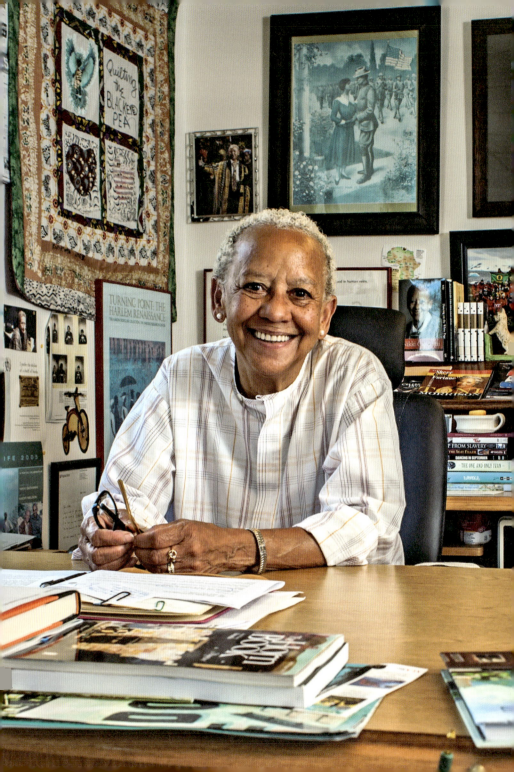

「どんなミスも
何かを教えてくれる。
だから本当はミスなんてない。
学ぶことがあるだけ」

ニッキ・
ジョバンニ

詩人、大学教授
(バージニア州ブラックスバーグ)

子どものころの夢は？

将来のことなんて何も考えてなかったわ。本を読むのは好きで、旅への憧れは常にあったけど、宇宙オタクだから宇宙に行けたらと、いつも夢想していた。

**クリエイティブの世界にいる女性の
どんなところに憧れる？**

落ち着き。じっと座って観察できる人には憧れるわ。

あなたにとって成功とは？

作品の完成。自分が最初の読者だから、ベストを尽くしたという満足感が必要ね。

仕事場のお気に入りは何？

写真。アンティーク写真を集めていてね。でも家族写真も飾っているわよ。狭いんだけど、私はこういう「こもっている感」が好きなのよ。

**1億ドルもらったら、ビジネスのやり方を
変える？　だとしたらどんなふうに？**

ずいぶんと大金ね。旅行を楽しむかな。全豪オープンにはまだ行ったことがないの。スウェーデンにも行きたい。キャビアを買うのもいいけど、あれって自分と同じ女性が産んだものだと気づいて食べるのをやめたし。とくに欲しいものはな

いから、役に立てそうなことで、まわりに金銭的支援をする口実を探そうかしら。

ミスから学んで成功につながったことはある？

ミスは人生の一部よ。人生を構成する礎（いしずえ）、踏み台、新しいことを学ぶ手段。コロンブスだって香辛料を買いつける航路を探しにいったのであって、新大陸を発見するつもりはなかったんだから。どんなミスも何かを教えてくれる。だから本当はミスなんてない。学ぶことがあるだけ。

**自信をなくしたり逆境に陥ったときの
立ち直り法は？**

自分に疑いを持つことがあんまりないの。疑問を持ったら答えを探す。答えが見つからなかったら、コンピュータの電源を切って沈黙するわ。

自分の性格でいちばん自慢できるところは？

粘り強いところ。仕事は必ず完成させる。最後までやり抜くの。

**はたからはわからない、
フリーランスの苦労は何？**

ひとりで働くスタイルは大好き。自分のやりたいようにできるもの。とはいえ、私には助けてくれる仲間が3人いる。この人たちがいなかったらお手上げ、彼らの専門知識に頼り切っているわ。

**ビジネスのアイデアや自分がやりたいことに
気づいたのは、いつ、どこで？**

私は物書きである以上に南部の人間。南部人にはみな、ストーリーテラーの血が流れているの。私は読むのもおしゃべりするのも大好き。自分の才能に気づいたのは、恩師が私のレポートをほかの先生方にも回覧して、それぞれが褒めてくださったときかな。

世の中にもっとあってほしいものは？

忍耐はもっと必要ね。それから正直さも、もう少し増えるといいかもね。

「あたしたち女性は、世界の目であり耳なんだよ」

リゾ

ミュージシャン
（ミネソタ州ミネアポリス）

子どものころの夢は？
宇宙飛行士になりたかったな。噂によると（うちのママだけど）、あたしの最初の言葉は「ほし」だったんだって。

仕事場のお気に入りポイントは？
主張してないとこ。快適だし、音楽を聴くのにもいい。

あなたにとって成功とは？
まわり（家族、仕事仲間、友だち）を見て、みんなが食べられて、安心していられて、幸せなら、成功だってあたしは思うな。

クリエイティブの世界にいる女性のどんなところに憧れる？

女性のものの見方って全般的にすごいよ。あたしたち女性は、世界の目であり耳なんだよ。

キャリアや仕事のために払った最大の犠牲は？
恋愛。

夜眠れなくなるような不安や悩みはある？
芸術を商業化して隆盛をきわめてる業界で、ホンモノでありつづけようともがいてる。

自信をなくしたり逆境に陥ったときの立ち直り法は？
逆境なんてないって心するようにしてる。

自分の性格でいちばん自慢できるところは？
「かぎわける勘」。誰にでもノリってあるじゃん。相手のノリが合うか合わないかっていうのは、会って10秒以内でわかる。

これがなくてはやっていけない道具やモノや儀式はある？
ノートパソコン。空気みたいなもん。ないと生きてけない。

1日があと3時間増えたら何をする？
ビヨンセがその3時間にするのと同じことをする。

自分らしく好きなことをしようと奮い立たせてくれる座右の銘は？

「デカい女にゃ世界は小さい」

[訳注：Big GRRRL Small World。リゾのセカンドアルバムのタイトル]

「世の中には
もっと自覚が必要。
減ってほしいのは強欲」

シャナン・
カンパナーロ
テキスタイルデザイナー
(ニューヨーク州ブルックリン)

子どものころの夢は?
アーティストか、ファッションデザイナーか、インテリアデザイナーになりたかった。

**駆け出しのころ役立った
(または無視して正解だった)アドバイスは?**
どんなチャンスでもつかみなさいと発破をかけられたけど、それに従うのをやめて、これぞというチャンスにだけエネルギーを注ぐようにしたら、ようやく物事がうまく回りはじめた。どんなチャンスにも応えようとするのは、時間とエネルギーの無駄。

夜眠れなくなるような不安や悩みはある?
ビジネスの成長をマネジメントすること、今の仕事仲間を失うんじゃないか、あるいは規模を拡大しなくてはならないのにふさわしい人材が見つからないんじゃないか、ということが悩み。

自分でビジネスを始めて得た最大の教訓は?
冷静に、あわてず物事にあたる術を学んだわ。自分で経営していると、決断しなければならないこと、想定外の障害物や問題やチャンスに遭遇することがとてもたくさんある。自分を大切にして、自分の本質、やりたいこと、守るべきことを

見失わずにいるのはものすごく大事。そうすれば決断が早くなるし、あとからあれこれ思いわずらわずにすむでしょ。

今の仕事を知ったのはいつ? なぜ惹かれた?
美術の学位は取ったけれど、美術の世界よりデザイン分野のほうがもっと自分を活かせると思えた。誰かの家の壁に飾るために絵を描く人生はつまらない気がして。それよりも、複製できてたくさんの人に楽しんでもらえるものをつくるほうが広がりがあると感じたの。

仕事で経験した最大の成功や誇りは?
ブランドメッセージや製品や素材に、環境への愛と配慮を取り入れてきたこと。とても誇りに思ってる。

**世の中にもっとあってほしいものは?
減ってほしいものは?**
世の中にはもっと自覚が必要。減ってほしいのは強欲。

自分の性格でいちばん自慢できるところは?
変われること、成長できるところ。

**これがなくてはやっていけない
道具やモノや儀式はある?**
ヨガ、瞑想、光、整理整頓、ペンとタブレット端末。

憧れの、あるいは尊敬する女性は誰?
ジョージア・オキーフ。砂漠でひとりで暮らした彼女の生き方が好き。毎日同じ朝食を食べていたところも。自然の中で毎日同じことをして100歳近くまで生きた人生も。あのしわも、自然なスタイルも。あの家と、誰にも真似できない個性も。自分がこう生きたい、こうありたいという気持ちにとても忠実な人だったと思う。作品より生き方に憧れるの。

「今の使い捨て文化を
逆行させなくてはね」

レベッカ・ウッド

陶芸家
(ジョージア州アセンズ)

子どものころの夢は？
最初は考古学者。新しいピラミッドを発見したかった！　次はお天気お姉さん、ファッションデザイナー、そのあと、アーティストになったわ！

駆け出しのころ役立ったアドバイスは？
陶芸の道に入る前は、バーニーズのために帽子とスカーフを制作していたの。あるとき、ベッドライナー［訳注：ベッドカバーの上にかける帯状の布］を何点かつくって、そのうちの1点をただ広げて写真を撮った。しばらくしてニューヨークの姉を訪ね、パーティで姉の友人ボブ・バウマンに出会った。聞けば30年もサックスで靴のバイヤー部門の長をしていた業界人だっていう。だから、ボブにその写真を見せた。そしたら、こう言われた。「商品だけを見せてはいけない。必ずライフスタイルを見せなさい」。なるほどと思って、以来ずっと、その教えを守っているわ。

仕事場のお気に入りは何？
人！　私の陶芸工房「r.wood スタジオ」にはほぼ毎日出勤しているけど、うちのスタッフほど頭がよくて、創意にあふれていて、面白くて、やさしくて、親切な人たちはよそにいないと思う！　みんなでワイワイ言いながら注文の品を発送する

のは本当に楽しい！　お互いを育て合い、支え合う、素敵な仲間なの。

1億ドルもらったら、ビジネスのやり方を変える？　だとしたらどんなふうに？
すぐにスタジオに断熱材を入れて暖房とエアコンを設置する。それから常勤の庭師とシェフを雇って、食べるものと花を育ててもらって、みんなのランチをつくってもらう。それからね、田舎にみんなで使える家を買う！

自分でビジネスを始めて得た最大の教訓は？

お客様には常に誠実に接して、喜んでいただくこと。

ミスから学んで成功につながったことはある？
当初は、ごく少数のお店にしか卸していなかったけど、いくつかは有名店で、うち2社から痛い目に遭った。請求から60日以内に支払うという約束だったのに、実際は半年後とか、支払ってくれないこともあって。向こうにしてみればたった2000ドル足らずでも、自転車操業のこちらにとっては財政破綻の危機よ。だから、高級デパートのニーマン・マーカスから電話があって3万ドルの発注をしたいと言われたときも「無理です！」と言ったの。でもバイヤーのビル・マッキンが、2カ月でこの量を納品するにはいくらかかるか見積もってくれと食い下がってきた。必要な材料費、人件費、機材購入費を積算してみたら1万9000ドルになったから、彼に電話でそう言ったら、「1万9000ドル前払いしたらできるか？」って。半信半疑だったけど、やりましょうと答えたわ。そうしたら本当に小切手が送られてきたので、制作に取りかかったの。前

払い金をもらったおかげで、窯の数も人も資材も増やせて、生産能力がぐっと上がった。それ以降は3万ドルの注文でもこなせる体力ができて、うちのポテンシャルが大きく広がったの。ビルには本当に感謝しているわ。

自信をなくしたり逆境に陥ったときの立ち直り法は？
自然の中に身を置く。

今の仕事を知ったのはいつ？　なぜ惹かれた？
子どものときからいろいろな手仕事に熱中してきたけど、陶芸にはまったく興味がなかったの。それまで陶器といえばクラフトフェアでしか見たことがなかったし、どれも焦げ茶色かくすんだ灰青色のものばかり。どうしてそんな暗い色ばかり使いたがるのか、理解できなかった。でも、大人になってから彩り豊かな釉薬があるのを知って、それから陶芸に興味を持ちはじめたのよ。

仕事で経験した最大の成功や誇りは？
r.woodスタジオから自分のビジネスを興して成功するような人材を輩出してきたこと。

ビジネスを始める前に考えておくべきことトップ3は？
いろいろな展示会に出展して、すぐゴミになるような商品——薄っぺらで長く使えないとか、流行に乗りすぎて半年ですたれてしまうという意味よ——を山ほど目にして思うのは、「自分の商品も地球環境に負荷をかけるだけで終わらないだろうか？　リサイクル可能か？　長持ちするだろうか？」を自問すべきということ。地球環境にやさしいかどうかを意識して。今の使い捨て文化を逆行させなくてはね。

憧れの、あるいは尊敬する女性は誰？
ビョーク。

「多数派でいたがる人が
多い世の中で、
毅然と自分らしくいる
女性たちを見ると
気持ちがいいわね」

カーラ・ホール

シェフ、テレビ番組司会者
(ワシントンDC)

子どものころの夢は？
ブロードウェイの俳優。初めて観たブロードウェイのお芝居は『バブリング・ブラウン・シュガー』で、11歳のとき。俳優、舞台、衣装、歌すべてに魅せられた。自分もその一部になりたいと思ったわ。

**クリエイティブの世界にいる女性の
どんなところに憧れる？**
人とは違う個性を平然と受け入れているところ。型破りな考え方やファッションセンス、まわりから浮いている存在感、しっかりした自我。多数派でいたがる人が多い世の中で、毅然と自分らしくいる女性たちを見ると気持ちがいいわね。

あなたにとって成功とは？
食は25年以上前から人生の中心だった。細々とながらも、やりたいことで生活できてると気づいたのは何年も前。私にとっての成功とは、何度失敗しようとやりつづけるほど何かに夢中になれることよ。

仕事場のお気に入りポイントは？
仕事場はふたつあるの——厨房と、ダイニングルームのテーブル。制作するのはワシントンDCにある自宅のダイニングル

ームのテーブルで。小さな部屋だけど窓が3つあって、午前中も午後も光が入ってくる。テーブルはなんてことない木の2メートル四方の大きなもの。必要なものがすべて置けるの。

自信をなくしたり逆境に陥ったときの立ち直り法は？

心を鎮めて瞑想する。そして「ここから何を学ぶべきか」と自問する。自信喪失や逆境を乗り越えれば、その先にはひとまわり大きくなった自分がいるとわかっている。乗り越えた「私」は自信をなくしていた「私」より少しだけ強く、少しだけ大きくなっているはず。

キャリアや仕事のために払った最大の犠牲は？

食とホスピタリティの仕事だから、たいていの人が遊んでいるときに働いている。それと、私は転職していて、この仕事で本格的に独り立ちしたのは30代後半〜40代前半になってから。ちょうど友人たちのほとんどが家庭を持つようになった時期よ。私はといえば、新しく飛び込んだ世界でこれから追いつかなければと休みも取らず、日に14〜16時間働いた。出席できなかった家族の祝いごともたくさん。デートもろくにできなかったわね。

あなたのモットーは？

「やるなら、愛情をもってやりなさい」。やることすべてに誠心誠意で取り組むと決めてるの。

はたからはわからない、経営の苦労は何？

社員ならあるはずの年1回の人事評価がないこと。第三者から成績表をもらいた

いなと思うときがあるわ。

10〜20年前の自分に教えてあげたいことは？

決めつけず辛抱強くあたれば、人を使うのも人に使われるのも上手になるわよ。

自分らしく好きなことをしようと奮い立たせてくれる座右の銘は？

「まずその場に行って顔を見せる。勇気はそこから始まっている」（ブレネー・ブラウン［ヒューストン大学教授、心理学者］）

ビジネスのアイデアや自分がやりたいことに気づいたのは、いつ、どこで？

ケータリング会社をクッキーの会社（今はクッキーとデザート）に変えようと決心したのは、『トップ・シェフ・オールスターズ』［訳注：シェフが料理対決するテレビ番組］への出演を決めたのがきっかけ。ケータリングには心身ともに疲れ果ててしまってたし、番組を自分の事業計画に活かせばいいと提案を受けたから。そのときプチ・クッキーに絞った。ひとつに専念して極めていくというアイデアが心に響いたのよ。ケータリングビジネスでも、すでに取り扱っていたしね。

1日のよいスタートを切るために、朝いちばんにすることは？

自己肯定のメッセージを唱えている。「神様がすでに物事を整えて楽に流れるようにし、私の道を拓いてくださっている。私は人や場所や物事や外部の条件に左右されはしない。私には力がある。私には価値がある。私は自由。私は創造的。私は唯一無二の存在。私には自信がある。今唱えたとおりになりますように」ってね。

世の中にもっとあってほしいものは？　減ってほしいものは？

もっと実際に顔を合わせて、
できれば食事しながら会話すれば、
変な憶測をせずに
お互いがより深くわかり合える。
もっと減ってほしいのは、
変な憶測の温床になっている
サウンドバイト。

［訳注：サウンドバイトとは、テレビで有名人などの発言の一部だけを切り取って繰り返し流す手法のこと］

「社名は『ルイーズ・フィリ・リミテッド』とした。
メッセージを
伝えたかったから。
もし私が女性であるのが
問題なら、
そう思うあなたなんて
こっちからお断り、って」

ルイーズ・フィリ

グラフィックデザイナー
(ニューヨーク州ニューヨーク)

子どものころの夢は？
小説家。第1章を書いた時点でカバーのデザインをしたら、次の作品に移ってた。

駆け出しのころ役立ったアドバイスは？
先に支払いをしてもらいなさい。

仕事場のお気に入りポイントは？
仕事と生活が一体となっているのはとても幸運よ。私のアトリエの四方の壁には、これまでにデザインを手がけたレストランのメニュー、名刺、マッチ箱、高級食材のパッケージや、何十年もかけてイタリアとフランスを旅して集めたポスターや掘り出し物を飾っているの。大切なものに囲まれていると落ち着けるし、心がヨーロッパに飛ぶ。スタッフやクライアントのためにランチをつくるときも、デザインしているときも、まったく同じようにくつろいでいられるのよ。

ミスから学んで成功につながったことはある？
見習いデザイナーが、私にたったひとつ

の確認を怠ったために、1万ドル相当の印刷ミスをしたことがある。幸い印刷会社は支払いを要求せず、かわりに会社の販促物のデザインをしてくれないかと申し出てくれた。このとき制作した作品は、私のお気に入りのひとつよ。

今の仕事を知ったのはいつ？　なぜ惹かれた？
グラフィックデザインが何かも知らないうちから、やりたいことはこれだとわかっていた。私が子どものころは、グラフィックデザインなんて言葉はほとんどなくて、「商業美術」という色気のない呼び方をされていたの。ニューヨーカー誌に広告が載っていたオスミロイド社製万年筆を取り寄せて、独学でカリグラフィを覚えたのは16歳のとき。クラスメートにボブ・ディランの詞を飾り文字で美しく書いてあげるビジネスも始めた。なかなかのお小遣い稼ぎになったわ。大学に入ってはじめて、興味を持ってきたすべて（活字、カリグラフィ、本づくり）がグラフィックデザインだと知ったのよ。

仕事で経験した最大の成功や誇りは？
自分のデザインについて語った著作を執筆中に、この本が終わったら1カ月休んで、ローマのアメリカン・アカデミーで個人的なプロジェクトに取り組もうと決めた。私は30年以上にわたってイタリア中の店やレストランの看板の写真を撮りながら、たとえようもなく美しい看板の多くが消えていくのを見てきたから、本にして残さなければ、といてもたってもいられなかったの。休暇のあとも、同じ年のうちにさらに3回イタリアに足を運んで、本を完成させた。ビジネスは度外視、でもそれだけの価値は十分にあった。今までに手がけたどんな仕事よりも、深い喜びを得られたプロジェクトよ。

自分の性格でいちばん自慢できるところは？
私がビジネスを立ち上げたときは、まだグーグルがなかった。だから社名に工夫を凝らさないと人の目にとまらなかったの。自分の名前を入れた社名にすべきだということはわかっていた。責任感を伝えられるでしょ。「フィリ・アソシエイツ」みたいな社名にすれば、もっと大手で格式が高そうな印象を与えられたかもね。でもあえて「ルイーズ・フィリ・リミテッド」とした。もし私が女性であるのが問題なら、そう思うあなたなんてこっちからお断りっていうメッセージを伝えたかったから。

ビジネスのアイデアや自分がやりたいことに気づいたのは、いつ、どこで？
息子を出産した直後は、3カ月の産休のあと出版社のアートディレクターに戻る気満々だった。ところが復帰初日に周囲を見回して、ここにはいたくないと思い、翌日には自分のビジネスを始めてた。

インスピレーションが必要なときや、スランプから脱出したいときの特効薬は？
簡単よ。イタリアを旅するの。

これがなくてはやっていけない道具やモノや儀式はある？
クライアントのジェラート会社2社と、アトリエにジェラートとソルベを常備するという契約をしてるの。これ、スタッフとクライアントを笑顔にする必殺技よ。

1日のよいスタートを切るために、朝いちばんにすることは？
歩いて通勤する。
頭がすっきりするから。

172

「女性クリエイターは
あらゆるものを
チャンスととらえ、
可能性を押し広げていく」

マリアム・
パレ

アーティスト、デザイナー、講演家
(イリノイ州ネイパービル)

子どものころの夢は？
美術の先生になりたかった。最高の職業だし、画材がいくらでも使えると思ってたから。

クリエイティブの世界にいる女性のどんなところに憧れる？
楽観的なところ。私の知っている女性クリエイターたちは、みな基本姿勢として楽観主義が身に着いている。壁にぶつかっても、コップの水が「もう半分しかない」ではなく「まだ半分入っている」ととらえるの。逆境にあっても、そこから何でも学んでしまう。あらゆるものをチャンスととらえ、可能性を押し広げていく姿に憧れるわ。

仕事場のお気に入りポイントは？
私の仕事場はこぢんまりしてて、画材が隙間なくぎっしり詰めこんである。創造性をはばたかせるために必要なものは、すべてまわりに置いているわ。車椅子ユーザーの私にとって、ここはとても居心地よくて、機能的。いちばん力を発揮できる場所なの。

自信をなくしたり逆境に陥ったときの立ち直り法は？

自分で自分をケアする。
ネガティブ思考を
ポジティブ思考に
反転させるの。
自分の中にある力を頼りにね。
すべてはいずれうまくいくと
信じているわ。

夜眠れなくなるような不安や悩みはある？

昔はよく、自分や自分の作品について話してほしいと依頼されると、不安になっていた。数年前、ケイティ・クーリック[訳注：人気ニュースキャスター]にインタビューされたときは光栄だったけど、同時に怖くてたまらなくなって、穴があったら入りたくなるような結果になった。今でもフラッシュバックするわ。インタビューが始まったら、不安に押しつぶされてしまったの。とりとめもなくしゃべったり、簡単なことに答えるのにしどろもどろになったり、さんざんな出来だった。このときの経験で、アーティストの仕事って作品の制作だけじゃないんだとわかった。人と関わり、自分の作品について自信をもって上手に伝えられることも、創作と同じくらい大事なんだって。これからは、機会をいただいたら不安だからと断るのではなく、この弱点を克服しようと誓ったわ。短期間セラピーも受けた。おかげで人前に出ても以前よりずっと落ち着いていられるようになった。もちろんいまだに少しストレスを感じるけど、多少の居心地悪さをはるかに上回るメリットがあると、今なら言える。

自分らしく好きなことをしようと奮い立たせてくれる座右の銘は？

90年代前半の10代だったころ、グレイトフル・デッドの追っかけだったの。人生でいちばん自由な、最高の時代よ。数年後に脊髄を損傷し、口で絵を描く方法を身につけようと悪戦苦闘の日々を送っていたとき、自分を励ますための心の支えだったのは「マスターピース」って曲。こんな歌詞よ。「いつか人生はラプソディのように輝く／いつか私が傑作を描いたら」。すばらしいから聴いてみて。

10〜20年前の自分に教えてあげたいことは？

ちょうど20年ほど前、私は四肢が麻痺する事故に遭ったばかりで[訳注：マリアムは20歳のとき路上の発砲事件に巻き込まれて脊髄を損傷した]、とても落ち込んだ。それまでできていたことがすべてできなくなって、落ち込むなというほうが無理よね。だからあのころの自分に話しかけられるとしたら、悪いところではなくいいところを見なさいと言いたい。できないことではなく、できることに目を向けなさい。そしてそれを伸ばし、卓越の域にまで高める努力をしなさい。それが将来をたしかなものにするいちばんの方法。目の前の壁は、じつは自分がつくっているのよ、と。

1日のよいスタートを切るために、朝いちばんにすることは？

私は朝、精神的に悪いサイクルにはまりやすい。だから、エネルギーと楽観主義と勇気をたずさえて1日に臨むために唱える言葉がいくつかある。そうやってネガティブ思考を一掃して、感謝していることをありったけ思い出すのよ。

憧れの、あるいは尊敬する女性は誰？

すぐ思い浮かぶのはフリーダ・カーロ。彼女のアートと人生に多くの点で通じるものを感じるわ。運命によって、体の障がいと芸術表現が分かちがたく結びついたところもよく似ている。フリーダは私のようなアーティストの先駆者よ。障がい、体の痛み、苦しみにまつわるタブーを、心を揺さぶる真実の言葉ではぎとって、同じ人間として世の中の主流にいる人々に提示してみせた。その力は今でも色あせていない！　彼女の生き方には強く触発されるわ。

「13歳くらいのとき、父に
『誰だってどこかしら
変わったところがあるんだよ』
と言われて、
その単純なひと言が
私の人生を大きく変えた」

ジュリア・ターシェン

料理書著者
(ニューヨーク州アルスター郡)

子どものころの夢は？
昔からお料理の本をつくりたかったの。

**クリエイティブの世界にいる女性の
どんなところに憧れる？**
常に目を見開いて自分のビジョン、とくに瑣末なビジョンを信じる勇気。最高の仕事は、新しい物の見方をしたり、よく知っている場所に新しいルートで行ってみたりすることから生まれるっていつも感じている。

あなたにとって成功とは？
笑顔になれるかどうか。自分のやっていることが楽しくなければ、日々の生活も楽しくない。それで何の意味があるの？

仕事場のお気に入りポイントは？
私にとって意味ある本たちに囲まれていること。それからペットたちがいつでも好きなときにやってきて、足元で丸くなれるだけの空間があること。

キャリアや仕事のために払った最大の犠牲は？
フリーランスとして生きることを選んだことで、健康保険料を折半してくれる組織と、定期収入という安心を手放した。

でも、今の働き方のメリットは、そんな犠牲をはるかに上回ってる。

夜眠れなくなるような不安や悩みはある？
この本が終わったら、次はあるのか？

**自信をなくしたり逆境に陥ったときの
立ち直り法は？**
問題や恐れは、一歩引いて見るとたいてい楽になる。いつも「私の最大の問題なんて、たかだかこの程度じゃない」って唱えている気がするわ。結局、私がやっているのは料理書の制作であって、人の生命を救っているわけじゃないんだから。

**自分らしく好きなことをしようと
奮い立たせてくれる座右の銘は？**
13歳くらいのとき、父に「誰だってどこかしら変わったところがあるんだよ」と言われて、その単純なひと言が私の人生を大きく変えた。今もよく思い返すわ。おかげで、身がまえずに自分らしさと自分なりのやり方を通せるし、ほかの人に対してもオープンマインドでいられるの。

自分の性格でいちばん自慢できるところは？
どんな状況でも、希望はあると信じられるところ。

あなたのモットーは？
「たかが料理」よ。

**世の中にもっとあってほしいものは？
減ってほしいものは？**
すべての人にもっと良質の食品と水に手が届くようになってほしい。考えすぎはもっと減ってほしい。

**長い1日の仕事を終え、
家に帰ってから楽しみにしていることは？**
晩ごはんを、純粋に晩ごはんとして料理すること。記録を取ったり計量したりしないでね。

「『ノー』という言葉には
いろんな意味があって、
必ずしも
悪いことばかりじゃないと
わかるようになったわ」

ミコ・
ブランチ

美容家
(ニューヨーク州ニューヨーク)

子どものころの夢は?
小さいときは美容師。ヘアサロンを持ちたかったの。インテリアは絶対ピンク!

駆け出しのころ役立った
(または無視して正解だった)アドバイスは?
いちばん役に立ったアドバイスは、祖母のミス・ジェシーからのもの。よく姉と私に「どんなときも常識を働かせるんだよ」と言っていた。無視してよかったと思うのは「無理に決まってる!」よ。

仕事場のお気に入りポイントは?
とにかく美しいところ。「ミス・ジェシーズ・サロン」は、姉のティティと一緒につくりあげた集大成。フェミニンで洗練された美意識を貫いた、居心地のいい場所。パリのホテルをイメージしてデザインしたの。カーリーヘアのお客様にお姫様気分を味わっていただける、美しい、ここにしかないオアシスよ。ティティも私も、シックで洗練された場所でお客様にリラックス体験をしていただけるような空間をつくりたかったの。

自分でビジネスを始めて得た最大の教訓は?
「ノー」という言葉にはいろんな意味があって、必ずしも悪いことばかりじゃないとわかるようになったわ。ポジティブな場合もある。ノーと言ってかまわない場合もあるのよ。

自信をなくしたり逆境に陥ったときの
立ち直り法は?
自分を振り返ってチェックする。大事な質問をいくつか自分にするの。
「私はフェアだった?」
「私はやさしかった?」
「私はしっかり仕事していた?」
答えがイエスなら、今のやり方でいいんだ、自分がしてきた決断を信じてこのまま進もうという自信になる。

仕事で経験した最大の成功や誇りは?
自分の力でゼロから築き上げたこと。どこからも資金的な援助を受けずに立ち上げて、目標を達成できただけでなく、髪に悩む多くの女性が自尊心を取り戻す手助けができたこと。

自分の性格でいちばん自慢できるところは?
欠点を受け入れて、いたらない点を客観的に分析できるようになったところね。真実を恐れないようになった。正視して、自分は完璧じゃないと認めれば、大きく進歩するチャンスになるとわかったから。

憧れの、あるいは尊敬する女性は誰?
祖母のミス・ジェシー・メイ・ブランチ。本当に自立した、才覚のある、美しい人だった。お金なんかなくても、品格にあふれていて、人間性のすばらしさがにじみでていたわ。

「色あせない 企業理念を定めて、 それを守りなさい」

ホーピー&リリー・ストックマン

テキスタイルデザイナー
(カリフォルニア州ロサンゼルス)

子どものころの夢は?

リリー:ジョージア・オキーフか馬になること。馬はパロミノ種［訳注：プラチナブロンドのたてがみが特徴］よ。行きつけの美容院のおかげで、その夢がかなえられたわ。

ホーピー:フィギュアスケートのオリンピック選手。ハロウィーンの私の仮装の定番は、ペギー・フレミング［訳注：1968年グルノーブルオリンピックの金メダリスト］だった。小学3年生で彼女の伝記を書いたこともある。私のロールモデルなの。

駆け出しのころ役立ったアドバイスは?

ホーピー:「色あせない企業理念を定めて、それを守りなさい」。ハーバード・ビジネススクール時代の戦略論の教授がくださった助言。

仕事場のお気に入りポイントは?

リリー:私たちのアトリエは、ロサンゼルス・ダウンタウンの歴史地区にあるの。1914年に建てられたボザール様式の趣ある建物の6階。「ザ・ラスト・ブックストア」(ロサンゼルスで大好きな場所)の真上よ。最近まで荒れ果てていたけど、若いデザイナーや会社やレストランが入って、活気づいた。ロサンゼルスのダウンタウンにはお互いに助け合おうという気風があってびっくりしたわ。ここ以外の場所に行くなんて考えられない。

夜眠れなくなるような不安や悩みはある?

ホーピー:資金調達しなさいとか、製品ラインやインドの生産拠点を増やしなさいとか助言されたけど、私たちはもっと慎重に自然に成長する道を選んだ。でも、男性に比べて女性は資金的なリスクを避けたがる、というビジネススクール時代の議論がよみがえってきて、もっと大きな挑戦をすべきじゃないのかと悩む。

自分でビジネスを始めて得た最大の教訓は?

リリー:他人の歓心を買うことなんか忘れろってこと。私はこれで何年も苦しんできた。多くの女性もそうじゃない? 仕事でソーシャルメディアを使うようになって、インスタグラムのコメントでけなされたり意地の悪いメールがきたりするのにいちいち心を乱すのをやめたわ。意味のない炎上は、もう無視するしかない。

ミスから学んで成功につながったことはある?

ホーピー:最大のミスは、ブロックプリント(型押し染め)を依頼しているインドの染色工房の名を無防備に公開してしまったこと。うちの真似をする会社が次々と現れて、工房に注文が殺到した。そのせいで、生産が回らなくなってしまったの。でも貴重な教訓になった。今も後追いの同業者を恐れず、情報公開は続けてる。お客様とつくり手をつなげることに意味があると信じているから。使う人とつくる人の双方が、つながりを大事にしているのを見ると心があったかくなるし(うちの職人さんたちも、今ではさかんにフェイスブックやインスタグラムをやってるわ)。それに、本物の価値は誰にも奪えない。声、視点、デザインのセンス、人生哲学、リーダーの人柄、そしてもちろ

リリー(左)とホーピーの姉妹

んストーリーで、ブランドは成り立っている。小さなビジネスをやっている私たちは、そのことが何よりの励み。

仕事で経験した最大の成功や誇りは？

ホーピー：型押し染めの職人のリーダーが新しくなったとき、コミュニティのメンバーである26人の女性たちと初めて会ったの。お互い友人だったり血縁だったりするのに、一堂に集まったのはこれが初めてと知って驚いた。そのミーティングのテーマは、彼女たちの医療。会社の利益の5パーセントをそれに充てているのよ。最後は歌で終わり、女性だけで型押し染めしたスカーフをつくろうという話まで出た。健全な人間関係が生まれると、互いに聞く姿勢ができるし、互いのためにいい仕事をする。この会社で達成したどんなことよりも、職人さんたちと築いた関係に誇りを感じているわ。

憧れの、あるいは尊敬する女性は誰？

リリー：70年代に活躍した作家のレナータ・アドラー、ジョーン・ディディオン、スーザン・ソンタグ。砂漠で孤高の生活を送った画家のアグネス・マーティン。園芸家で、自然保護活動家で、ジョシュア・ツリー国立公園の創設者でもあったミネルヴァ・ホイト。みんな独自の価値観とあくなき好奇心があった。流行りや人気をまったく気にしなかった。

ホーピー：私はイーディス・ウォートン（小説家、デザイナー）。人間の性（さが）と美学理論の追求に卓越していた女性よ。

**世の中にもっとあってほしいものは？
減ってほしいものは？**

リリー：独自性と批判的視点がもっとあってほしい。ネットに使う時間はもっと

184

少なく。しゃべる量を減らして人の話に耳を傾ける（自分に言い聞かせてるの）。

これがなくてはやっていけない道具やモノや儀式はある？
ホーピー：インドでいちばん大事なのはお茶（チャイ）の時間。ミーティングや仕事の前は必ずみんなで座ってお茶を飲みながら、人生や家族の話や政治について語り合ってる。

今の自分から見て、駆け出しのときこうすればよかったと思うことは？
ホーピー：商品の販売から配送までのシステムをあらかじめ整えておけばよかった。ネットショップ、配送業者との連携、国際宅配便、会計ソフト、銀行口座……これらのソフトウェアは必須。ビジネスを回しつづけるエンジンよ。地味だけどあとでやっておいてよかったと思うこういうことが、小規模ビジネスの肝。

1日があと3時間増えたら何をする？
リリー：リスが木の実を集めるみたいにその時間を貯めこんで、大きな締め切り前に1日増やしたいなぁ。
ホーピー：彼氏と一緒に子ども向けのイラスト本をつくりたい。人間の言葉が話せるのに、恥ずかしがりやでしゃべれない犬のお話なの。

> 「1615年に私のような
> 生き方をしていたら、
> 火あぶりの刑よ。
> だからすごく幸せだし、
> ありがたいと思ってる」

ニーコ・ケイス

ミュージシャン
(バーモント州バーリントン)

子どものころの夢は？
獣医さん兼アーティスト。

**クリエイティブの世界にいる女性の
どんなところに憧れる？**
創作や表現は絶対譲れない、まとまった時間をつくりだす苦労に値する、という覚悟。レーガン時代のアメリカで育った私たちは、アートや音楽なんて愚かで罪深い時間の浪費って叩きこまれてるから。

あなたにとって成功とは？
バンド仲間（ザ・ニュー・ポルノグラファーズ）や仕事仲間との何十年にもわたる、家族のような関係。誇りに思ってる。

仕事場のお気に入りポイントは？
食堂が併設されてるとこ！ 創作はカロリーを消費するから、常に何か食べてないと。私の犬も仕事場に入れて、スタジオで一緒に昼寝できるのもいい。

キャリアや仕事のために払った最大の犠牲は？
家庭を持たなかったこと。移動ばかりの生活で、出会いや出産や家庭に縁がなかった。自分で選んだ道だから納得してるけど。1615年に私のような生き方をしていたら、火あぶりの刑よ。だからすごく幸せだし、ありがたいと思ってる。昨年

はかなり意識的にいろいろ断った。私はのんびりするのがいちばん不得手。常に何かしていないと気がすまない性分だから。でも創作活動で疲弊したあとは、回復の時間を取らないと心身が壊れちゃう。

ミスから学んで成功につながったことはある？
チャンスを逃してよかったと思うのは、メジャーレーベルとの契約。26歳のときはどうしてもメジャーとの契約がほしかった。音楽をやるならそれしか道がないって。でもそれ、エンターテインメント業界の神話なの。「選ばれてこの場にいるあなたは幸運だ、あなたに何がふさわしいかは我々が知っている。さあ、書類にサインしなさい」。業界の仕組みなんて何もわかっていなかったから、もしサインしていたら、きっと引っ張り回されて自分を見失っていたと思う。幸い、私は自分でビジネスを一から学んだ。といっても、たくさんの人に助けてもらってね。おかげで、本当の人間関係と長年の絆ができた。耳の痛いこともちゃんと言ってくれる人たちがそばにいるって、最大の財産よ。

**自信をなくしたり逆境に陥ったときの
立ち直り法は？**
家で土いじりをする。土と自然が自分を取り戻させてくれる。

自分の性格でいちばん自慢できるところは？
信念を曲げないところ。愚直に守り抜く。

**世の中にもっとあってほしいものは？
減ってほしいものは？**
謙虚さをもっと。内輪もめは減らしたい。

10～20年前の自分に教えてあげたいことは？
ドレスを買うのはやめな。嫌になるから。

**はたからはわからない、
フリーランスの苦労は？**
とてつもなく孤独なこと。

「自分に制約を
かけてはいけない」

シベラ・
コート

インテリアデザイナー、
スタイリスト、作家
(オーストラリア、シドニー)

子どものころの夢は？
このあいだ、小学6年生のときに書いた
自分史が見つかった。生まれてから今ま
での歴史を時系列で書かされたのね。将
来についての質問があって、私は大きな
家に住んでお店を持ちたいと書いてた。大
きな家はないけど、お店は実現したわ！

駆け出しのころ役立ったアドバイスは？
私は、人のアドバイスを聞くのがあまり
得意じゃない。だから自分の考えだけど、
お金の管理が苦手なのがわかっていたの
で、すぐに経理担当者と会計士を雇った
のは役に立ったわ。おかげでしっかりし
た体制ができて、自分がやりたいこと、
やるべきことに集中できた。

仕事場のお気に入りポイントは？
たえず動きと変化があるところ。

キャリアや仕事のために払った最大の犠牲は？
犠牲を払ったという気持ちはないわね。や
りたいことをすべてキャリアにつなげて
きたから。

夜眠れなくなるような不安や悩みはある？
怠けているんじゃないかという不安。何
でも手伝えるスキルをもっとマスターす
べきじゃないかとよく考えるわ。大工仕
事からCAD（コンピュータ支援設計）、椅子張

り、ペンキ塗り、その他もろもろ。

自分でビジネスを始めて得た最大の教訓は？
いまだに勉強中。ただ、たえずコミュニ
ケーションに気を遣って、改善していく
のはとても大切ね。

今の仕事を知ったのはいつ？　なぜ惹かれた？
1993年、大学で歴史の学位を取得する直
前。親友のエドウィナ・マッキャンが当
時『ヴォーグ』で働いていて（今ではオー
ストラリア版『ヴォーグ』の編集長よ）、
『ヴォーグ・リビング』のインテリアペー
ジの編集アシスタントの仕事を私にくれ
たの。この業界に足を踏み入れた瞬間、
ひとめぼれよ。それまでは知らなかった
んだけど、直前にがんで亡くなった叔母
が、オーストラリアで指折りのスタイリ
スト兼編集者だった。一緒に仕事をした
フォトグラファーたちが叔母を知ってい
て、目に涙をためて話しかけてくれたの。
叔母は業界でとても慕われていたのね。世
の中のめぐりあわせって不思議。

世の中にもっとあってほしいものは？
18世紀の王立協会（ロイヤル・ソサエティ・オブ・ロンドン）が好き。どん
な物事にも疑問を持ち、実験し、考え直
したところがね。発明はいくらでもでき
る。自分に制約をかけてはいけない。

**インスピレーションが必要なときや、
スランプから脱出したいときの特効薬は？**
自然。ちょっと遠出して砂浜で宝物を探
したり、海岸を散策したり。自然は絶対
に裏切らないし、必ず素敵な贈り物がも
らえる。空や海の色、鳥の羽根、波に洗わ
れた小石、打ち上げられた漂流物、究極
の色の組み合わせ、形、眺め、プロポーシ
ョン、層、手ざわり……。心のもやを払う
のに、新鮮な空気にまさるものはないわ
ね。

「好きなことをやって、
そこからぶれるな」

マイラ・カルマン

アーティスト、作家
(ニューヨーク州ニューヨーク)

子どものころの夢は?
まちがいなく作家。ひとりでいるのが好きな、でも気立てがよくて、まわりともうまくやっていける子だったのよ。

駆け出しのころ役立ったアドバイスは?
好きなことをやって、そこからぶれるな。

仕事場のお気に入りポイントは?
壁にスペースがたっぷりあって、絵や写真をたくさん貼って眺められるところ。

自分でビジネスを始めて得た最大の教訓は?
忍耐力と根気。

ミスから学んで成功につながったことはある?
ミスは毎日。でもいつも言っているの、「ミスがいいものを連れてきてくれる」って。就職したけど合わなくて辞めたとする。でも、それでうんと心が軽くなる。目の前がバラ色になるでしょ。

1日のよいスタートを切るために、朝いちばんにすることは?
コーヒーを飲んで、新聞の訃報欄を読む。

自信をなくしたり逆境に陥ったときの立ち直り法は?
締め切りがある以上
とにかくやるしかない、
と思い出す。

自分らしく好きなことをしようと
奮い立たせてくれる座右の銘は？
「想像力は知識より大切だ」(アルバート・
アインシュタイン)

今の仕事を知ったのはいつ？　なぜ惹かれた？
執筆に行き詰まって、マンガを書きはじ
めたの。ソール・スタインバーグ(漫画家、
イラストレーター)にはすごく影響を受けた
わ。雑誌の仕事は楽しそうだなって。

自分の性格でいちばん自慢できるところは？
好奇心。ユーモア。

仕事で経験した最大の成功や誇りは？
ウィリアム・ストランクとE・B・ホワイ
トの古典的名著『The Elements of Style(英
語文章読本)』の挿絵を描いたこと。でもそ
れ以上に、40年以上も仕事を続けてすば
らしいプロジェクトに出会いつづけてき
たことが誇り。まあ40年って聞いても、

それほどすごい感じはしないけど。
インスピレーションが必要なときや、
スランプから脱出したいときの特効薬は？
散歩に行く。

憧れの、あるいは尊敬する女性は誰？
エレノア・ルーズヴェルト。
私の母のサラ・バーマン。

「プロとして成功するには 多作でなければならない」

ウェンディ・マルヤマ

アーティスト、デザイナー、彫刻家
(カリフォルニア州サンディエゴ)

子どものころの夢は？
小さいときは図画工作や自分の手でもの
をつくるのが好きだった。でも、母にタイ
ピングの夏期講習に行かされたの。将
来「食べていける」手段になるかもしれ
ないからと。それがもう嫌で嫌で。それ
まで考えたこともなかったのに、そのタ
イピング講習のあと、アーティストの道
に進もうと決心した。

駆け出しのころ役立ったアドバイスは？
最大の学びは、ビジネスに関することよ
りもアーティストとしてのあり方。たく
さんつくるということ。会心の作品をひ
とつ生みだすには、9つの作品をつくらな
ければならない。プロとして成功するに
は多作でなければ、と思っている。

キャリアや仕事のために払った最大の犠牲は？
犠牲といえるかどうかわからないけれど、
作品を最優先してきた結果、人付き合い
があと回しになって、交際経験もあまり
多くないの。結婚したのはようやく7年
前、55歳になっていた。でも今思うと、
その年齢でちょうどよかったわね！

自分でビジネスを始めて得た最大の教訓は？
先払いしてもらうこと。相手が正直者と
はかぎらないから。だけど、支払い交渉
は難しい。いまだに苦労しているわ。

**自分らしく、好きなことをしようと
奮い立たせてくれる座右の銘は？**
「創造力は使い切ることがない。使うほど、
豊かになる」（マヤ・アンジェロウ）

今の仕事を知ったのはいつ？　なぜ惹かれた？
工芸を専門にしようと決めたのは、高校
卒業後（1970年）。短大で工芸の授業を
取って、テキスタイル、陶芸、木工、金属
工芸に取り組んだら気に入った。とくに
木工。高校時代、女子は木工の授業を取
らせてもらえなかったの。ほとんどの同級
生が器やパイプやまな板などの制作を選
ぶなか、私は革のスリングシートがつい
た三本脚の椅子をつくった。そのとき、
木工は男性の仕事なんかじゃないとわか
って目からウロコが落ちたわ。さらに、
自分がいちばん興味があるのは、木工で
はなく家具づくりだとわかってきた。私
は、道具に凝ったり木目や接合部の切り
出しにこだわったりするんじゃなくて、アー
トの一形態として家具を制作するのが
好きだったのね。

仕事で経験した最大の成功や誇りは？
この仕事を続けてきたことを誇りに思う。
大変な仕事ですもの。この分野につきも
のの浮き沈みがたくさんあっても、好き
だから持ちこたえてきた。教え子たちの
ことも本当に誇りに思っている。35年間
教師をしてきて、教育者として深刻に悩
んだ時期も何度かあるけれど、巣立った
あとも交流が続いて友人になった元教え
子たちのおかげで、人生がとても豊かに
なったと感じている。彼らの業績、達成
してきたことを心から誇りに思うわ。

「怖がらずに
飛びこみなさい」

ローナ・
シンプソン

アーティスト、フォトグラファー
(ニューヨーク州ブルックリン)

子どものころの夢は？
バレリーナとアーティスト。

自分がやりたいことに気づいたのはいつ？
子どものとき舞台で踊っていて、ダンサーにはなりたくないとわかった。「あれっ？　私、舞台で観客に見られてる。嫌だ」って。むしろ見る側のほうがいい。自分はいずれ表に出ずに観察する仕事をする、とそのとき予感した。

**駆け出しのころ役立った
（または無視して正解だった）アドバイスは？**
娘が生後4、5カ月のとき、ある画廊の責任者に言われたの。「女性が子どもを持つとキャリアに相当なダメージがありますよ」って。私が「本当に？」と言ったら、子育てはキャリアに影響するから「気を引き締めてかかった」ほうがいいと。でも、彼の言葉は自分に向けられたものじゃないと思うようにした。それは相手の問題であって、自分の問題じゃないとね。

**自分らしく好きなことをしようと
奮い立たせてくれる座右の銘は？**
チャールズ・ブコウスキーの言葉。「やるつもりならとことんやれ。できないなら最初からやるな。恋人も、妻も、身内も、仕事も、ひょっとしたら正気も失うかもしれない。3、4日何も食べられないかもしれない。公園のベンチで凍えながら過ごすことになるかもしれない。嘲笑われ、孤立するかもしれない。どれだけ耐えられるか、きみの本気度をはかる試練だ。だが断られても、どれほど可能性がなくてもきみはやるし、それは想像以上にすばらしい。やるつもりならとことんやれ。その醍醐味は、ほかでは味わえない」

仕事場のお気に入りポイントは？
デイヴィッド・アジャイ［訳注：タンザニア出身の世界的建築家］の設計なの。これ以上すばらしい仕事場は願いようがないわ。

**1億ドルもらったら、ビジネスのやり方を
変える？　だとしたらどんなふうに？**
ビジネスのやり方は変えないで、スピードアップする。

自分でビジネスを始めて得た最大の教訓は？
変化を恐れないこと。やるべきことにはしっかり取り組み、迷わないこと。

仕事で経験した最大の成功や誇りは？
今年の5月にベニスで、絵画作品の展覧会を開いたの。絵画作品の展示は初めてだったけど。評判がよくて、本当に報われた気持ちになったわ。

自分の性格でいちばん自慢できるところは？
率直であろう、人の話には真剣に耳を傾けようと心がけているところかな。

**これから起業しようとしている人への
アドバイスは？**
怖がらずに飛びこみなさい。

**1日のよいスタートを切るために、
朝いちばんにすることは？**
犬がベッドに飛び乗らないよう、寝室のドアをきちんと閉める。

憧れの、あるいは尊敬する女性は誰？
母とふたりの祖母。みんな、さまざまな事情で外国から移住したり、南部から中西部に移り住んだりした女性よ。3人とも強い個性の持ち主なの。

199

「口数を減らして、話の質を高めなさい」

クランシー・ミラー

料理書著者、シェフ
(ニューヨーク州ニューヨーク)

子どものころの夢は？
たくさんあったわ。アメリカ大統領になりたかったときも。誰でも命令して動かせるから。

**駆け出しのころ役立った
(または無視して正解だった)アドバイスは？**
食に対する興味が大きくなって料理学校に行く前に、友人のお父さんに「レストラン業界はあまり儲からないよ」と言われた。それでも情熱を追求してよかった。お金だけを動機にしてはいけないと学べたから。お金も大事だけれど、興味と好奇心と情熱のあることは迷わず追いかけるべきね。

キャリアや仕事のために払った最大の犠牲は？
人付き合い。締め切りに追われて、人と会うのはお預けにすることがしょっちゅう。創作は孤独なプロセスよ。でもフランスには、「口数を減らして、話の質を高めなさい」という言葉があるの。友だちともしばらく会わないでいて近況を語り合うほうが楽しい、と思うようにしている。そのほうが会話の中身が充実して面白いから。

ミスから学んで成功につながったことはある？
ミスというべきかわからないけれど……。数年前、初めての料理書を出す前に、パリ留学時代の食にまつわる回想記をレシピ付きで書こうと思い立ったの。その思いつきにすっかり舞い上がって、企画書と執筆に夢中で取りかかった。でも30社以上の出版社に断られた。エージェントが数十通におよぶ出版社からの返事を送ってくれた。酷評されたわけじゃないけど、自分がすばらしいと思った本の構想が、他人の目にはそれほどではなかったことに落ちこんだわ。結局、このとき学んだのは、挫折してもまた立ち直って挑戦を続けるということ。大好きなことに情熱をもって取り組んでも、実を結ぶとはかぎらない。だけど、それでいいの。死ぬわけじゃなし。アイデアはほかにもあるし、どれかは育っていく。辛抱強く続けていれば、いずれ何かは実を結ぶものよ。

仕事で経験した最大の成功や誇りは？
おひとりさま向けの料理書、『Cooking Solo (ひとり暮らしの料理)』の出版が決まったのが最大の誇り。長年自分ひとりのために料理してきて、その楽しさに開眼した私自身の体験から生まれた本なの。ひとり分の食事をおいしくつくることは自分の心身をケアするすばらしい方法だ、という私の哲学を伝えられるのが嬉しい。

自分の性格でいちばん自慢できるところは？
私のいいところは熱意、共感力、スタミナ、忍耐力、根気強さ、それとユーモアね。

**1日のよいスタートを切るために、
朝いちばんにすることは？**
毎朝、無事に目が覚めたことへの感謝をまず言葉にする。幸せは感謝から生まれると思う——身のまわりや自分の中にすでにある幸せに気づくことから。いつもじゃないけど、瞑想から1日を始めるときもあるわ。

「私の仕事が
喜び、祝福、連帯感、
他人への温かい気持ち、
飾らないさりげなさに
花を添えられたら、
成功といえるかな」

ダナ・タナマチ

アーティスト、グラフィックデザイナー
(ワシントン州シアトル)

子どものころの夢は?
母によると、タクシーの運転手かエレベーターガールになりたがってたみたい。小学校に上がってからは建築家。よく「夢の家」の間取り図を描いてたなぁ。空想の中で飼ってる犬たちを遊ばせる専用の部屋を必ず入れて。間取り図のきっちりした構造が好きだったんじゃないかな。全部直線と境界線でできているでしょ。その枠組みの中で遊ぶのが楽しかった。今の私がかなり正確に表れていると思う。8歳にしてすでにわかっていたのね。

あなたにとって成功とは?
成功をめざす前から持っていたビジョンと価値観に忠実でありつづけること。私の仕事が喜び、祝福、連帯感、他人への温かい気持ち、飾らないさりげなさに花を添えられたら、成功といえるかな。

仕事場のお気に入りは何?
仕事机。インテリアデザイナーがマンハッタンのラルフローレンの展示品割引セールでゲットしてくれた、3メートルもあ

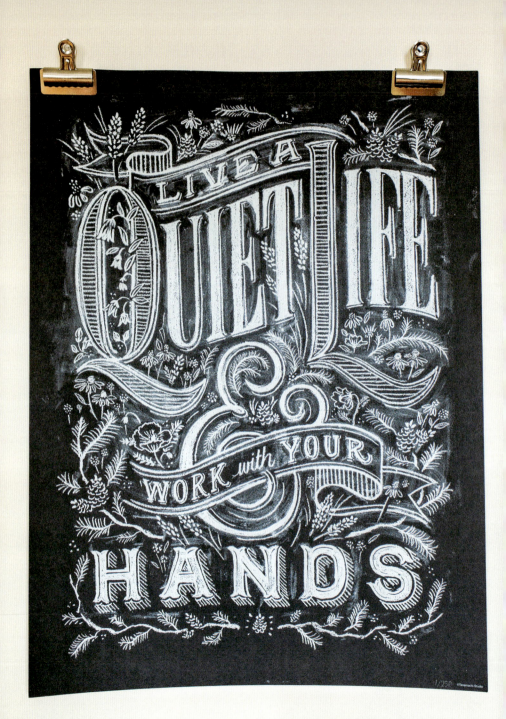

るファームハウステーブルなの。スペースがたっぷりあるから、半分にスケッチやプリントアウトを雑然と広げていても、もう半分はすっきりした作業スペースが確保できる。部屋の重心としての役割も果たしてくれていると思う。

キャリアや仕事のために払った最大の犠牲は？
急に依頼が増えたとき、何人かの友人たちに不義理をしてしまったことがある。何度も謝って、友人たちを上にするよう自分の優先順位を整理し直したわ。健全な人間関係がなかったら、ただの仕事中毒のゾンビになっちゃうでしょ。

自分でビジネスを始めて得た最大の教訓は？
経営って信じられないくらい大変なときもあるけど、やりがいも大きい。最大の学びは、ひとつのものやトレンドや媒体に入れこみすぎないってこと。壁にチョークで描くレタリングアートを制作するようになった2009年当時、チョークが自分のキャリアの頂点だとか、自分の一生の専門領域だとは決して思わなかった。目的のための手段にすぎなかったの。だからチョークの時代に幕を引くべきだと感じたときも、ショックはなかった。単にやめる時期だったというだけ。扉を閉めれば新しい扉が開く。世間の注目やチャンスをもたらしてくれたものにしがみついていたら、どうなっていたか。失うものを恐れて漫然と続けていたでしょうね。スタイルも変われば好みも変わるし、人も変わる——とくに自分が！

ミスから学んで成功につながったことはある？
2010年にオプラ・ウィンフリーの美術担当スタッフから電話がきて、2011年2月号の『Oマガジン』の表紙を描いてくれないかと言われたの。でも、そのとき私は別の仕事で疲れ切っていて、相手の話が全然頭に入ってこなかった。丁寧に説明してくれたのに、中のページじゃなくて表紙の依頼だという肝心の部分をなぜか聞きそびれたの。それで丁重にお断りしようとしたら、途中で相手がさえぎった。その女性は大きく息を吸ってからこう言ったわ。「私の話、ちゃんと聞こえた？『Oマガジン』の表紙よ。こんな仕事、断ったりしちゃダメ！」。まったくそのとおり。そのとき、ストレスで目の前の大チャンスにも気づかないようではダメだと悟った。その直後にプロジェクトマネージャーに入ってもらって、自分の時間（と正気）を取り戻せてよかったわ。

**自分らしく好きなことをしようと
奮い立たせてくれる座右の銘は？**
新約聖書テサロニケ人への第一の手紙4章11節にある言葉「落ち着いた生活をし、手を動かして働け」（左の写真）が昔から座右の銘。制作活動の基準でもある。私は典型的な内向型だから、机に向かって形を生み出す以上の喜びはないの。

仕事で経験した最大の成功や誇りは？
自分の作品が表紙を飾ったタイム誌を見ると、いまだに夢じゃないかと自分をつねってしまう！

**世の中にもっとあってほしいものは？
減ってほしいものは？**
自分自身の心から生まれた、オリジナルの作品がもっとあってほしい。他人の作品だらけのピンタレストのボードは、もっと少なくてもいいんじゃないかな。

1日があと3時間増えたら何をする？
私は授業を受けるのが好き。昨年はスクリーン印刷のコースを、最近では10週間の日本語の授業を受けた。1日があと3時間増えたら、絶対何か受講したい——織物か、型押し染めか、日本語中級を！

> 「やりたいことが
> あるときは、
> そのための時間をつくる。
> 忙しいのを言い訳にしない。

デビー・
ミルマン

作家、アーティスト、教育者、
ラジオ司会者
(ニューヨーク州ニューヨーク)

子どものころの夢は？
ミュージシャン、アーティスト、それからジャーナリスト。その全部になりたかった時期も。物心ついたときから、ものをつくるのが好きだった。ぬり絵の本、紙の着せ替え人形、ジオラマも自作したし、バラの花びらをすりつぶしてベビーオイルに入れて自分で香水をつくろうとしたこともあった。アイスキャンディの棒で髪留めを入れる箱、ストラップでキーホルダー、粘土で灰皿、画用紙と古いシーツでハロウィーンの衣装もつくった。12歳のときには親友と雑誌をまるごと1冊手づくりした。その子の名前もデビーだったから、雑誌名は『デビュタント』。とても誇らしかったわ。何かをつくっていない人生なんて考えられなかった。

仕事場のお気に入りポイントは？
自分のものだってこと！　ここにたどりつくまでが長かったから、心底いとおしい。光の入り方もすばらしいし、愛している大切なものたちをたくさん、こんな身近に置いておけるのもうれしい。なんだか奇跡みたいに感じるの。

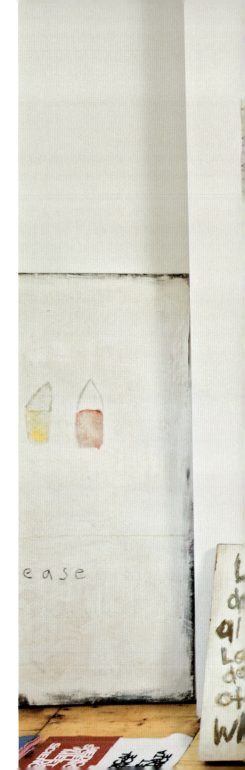

自分らしく好きなことをしようと奮い立たせてくれる座右の銘は？

小説の名手、ダニ・シャピロにインタビューしたとき、自信が成功に果たす役割の話になってね。「自信より勇気が大事、自信のあるなしより実際に行動を起こすほうが成功の決め手になる」と彼女が言ったの。それ以来、自信より勇気、と常に意識しているわ。

自分でビジネスを始めて得た最大の教訓は？

どれだけ優秀でも、人気があっても、ビジネスにはサイクルがある。何事も永久には続かない。必ず浮き沈みがある、どれだけ不調を避ける対策をとろうとも。

今の自分から見て、駆け出しのときこうすればよかったと思うことは？

長い時間がかかっても40代までには目鼻がつく、とわかっていたらよかった。本当にやりたいことを追いかけるのに、あれほど怖がらなくてすんだと思うから。

世の中にもっとあってほしいものは？減ってほしいものは？

忍耐をもっと。
減ってほしいのは傲慢さ。

自分の性格でいちばん自慢できるところは？

創造性を失わず、新しいものをつくりつづけられる能力。「周囲になじむには型にはまるしかない」と感じたときに、人は創造性を失うのだと思う。創造性を持つためには、「自分は有意義な発信ができる、貢献できることがある」と信じられることが必要。その信念がつぶされたり邪魔されたりすると、創造性に関わる結合や、伝達を担う神経経路が、根本的なダメージを受けてしまうのよ。

1日があと3時間増えたら何をする？

何かつくる。たくさんね。

夜眠れなくなるような不安や悩みはある？

年をとって世の中からずれていくこと、現役でいられなくなってしまうことは不安。

あなたのモットーは？

忙しいかどうかを決めるのは自分。私たちは所詮やりたいことをやっている。忙しいからできない、というのは「それほど重要ではない」とか「優先順位が低い」と言っているのと同じ。忙しさは勲章ではない。やりたいことがあるときは、その時間をつくる。忙しいのを言い訳にしない。

インスピレーションが必要なときや、スランプから脱出したいときの特効薬は？

寝る。ひたすら寝る。

憧れの、あるいは尊敬する女性は誰？

グロリア・スタイネム。彼女はすばらしい知性、深い知恵、大きな共感力、それに優れたユーモアのセンスや底知れない共鳴力と強靭さで、たくさんの女性たちに道をつけてくれた。彼女のこの資質は、男女に関係なく、稀有なものよ。

あなたにとって成功とは？

成功とは実践、だと思う。
愛や幸せにも
言えることだけれど。

「才能ある女性たちが ほかの女性たちのために 活躍の場を切り拓き、 道筋をつけていくのを 見るのはいいものね」

キャリー・ ブラウンスタイン

ミュージシャン、作家、俳優
(オレゴン州ポートランド)

子どものころの夢は？
海洋生物学者か獣医さん。俳優かプロテニス選手にもなりたかった。動物を相手に働くか、人前でパフォーマンスするかでずっと迷ってた。結局、物を書いてパフォーマンスするほうが勝ったわ。

1日のよいスタートを切るために、朝いちばんにすることは？
今は5時か6時までに起きてる。早く目が覚めると1日が長くなる気がするし。大都会でもこの時間帯は静まり返ってる。静かだと考えごともしやすい。まずコーヒーをいれて新聞を読む。世の中のことを知れば自分の位置感覚がつかめるし、頭が目覚めてくるから。そのあとはハイキングか散歩。携帯電話はなし。小さなメモ帳だけ持って、思いついたことを書き留める。何も書かないこともある。瞑想のようなものよ。邪念なく、ただ存在している感覚を味わう。それから執筆。

ミスから学んで成功につながったことはある？
私のバンド「スリーター・キニー」が活動を休止したときは、自分の落ち度のようで不安一色になった。でも、それで自分の内面を掘り下げ、頭をクリアにしようと決意できて、フレッド・アーミセンと『ポートランディア』[訳注：コメディタッチのテレビドラマシリーズ。ふたりでさまざまな人物を演じ分ける]をつくり、自伝を書き、最終的に「スリーター・キニー」を再結成した。最大の収穫は、友人としても創作のパートナーとしても、自分が成長できたこと。

クリエイティブの世界にいる女性のどんなところに憧れる？
心の広さ。才能ある女性たちがほかの女性たちのために活躍の場を切り拓き、道筋をつけていくのを見るのはいいものね。心の広さは、自分や他人に対するケアについてもいえる。仕事を休んだり、ミスしたりするのを認める余裕よ。私にとって心の広さとは、オープンであること。オープンさは、創造性に欠かせない。

あなたにとって成功とは？
私がしている仕事に 誰かが共感してくれている と知ること。 成功とは敬意、幸福、友人、 愛でもあるわね。

インスピレーションが必要なときや、スランプから脱出したいときの特効薬は？
映画を観たり音楽を聴いたり……。そのうち何もしていない自分に飽きて、ほかの人のモチベーションに触発されるの。

自信をなくしたり逆境に陥ったときの立ち直り法は？
泣く。泣くのってリセットボタンみたいなものよ。

「成功は状況次第。
はかないものだから、
たとえ一瞬でも、
物事がうまく
かみあっているときは、
それを満喫するわ」

ピン・ズー
イラストレーター、アーティスト
(ニューヨーク州ブルックリン)

子どものころの夢は?
バレリーナ。『白鳥の湖』を観て。

駆け出しのころ役立ったアドバイスは?
仕事より人生のほうが大事。難しいけど、仕事一辺倒にならず、生活を豊かにすることもおろそかにしないようにしてるわ。

仕事場のお気に入りポイントは?
ほかのフリーランサーとシェアしているところ。仕事への姿勢や人柄など、それぞれに尊敬できるものを持ってる。支え合ったり批評をし合ったりできて、仕事以外の話もできる仲間っていいものね。

あなたにとって成功とは?
成功は状況次第。はかないものだから、たとえ一瞬でも、物事がうまくかみあっているときは、それを満喫するわ。

自分でビジネスを始めて得た最大の教訓は?
自己管理と仕事の管理は必須。

ミスから学んで成功につながったことはある?
ロンドンで暮らしていたとき、アパートメントの部屋に泥棒が入った。二重に施錠するのを忘れて、簡単に破られてしまって。パソコンも盗まれた。当時、初めてのイラスト本に取り組んでいたから焦っ

たわ。ちょうど前日分までバックアップを取ったばかりで、失ったデータが当日分だけですんだのは不幸中の幸い。数カ月後に『Swan Lake (白鳥の湖)』は刊行されて、たくさんの新しいクライアント(その何人かとは今でも取引が続いている)と、子どものとき熱中したバレエ関係の仕事につながった。でもあれ以来、必ずドアに施錠して、ファイルのバックアップを取ってる。必ずね。

自信をなくしたり逆境に陥ったときの立ち直り法は?
不安を受け入れて、学ぶチャンスになる、あらゆる可能性を考える。

自分らしく好きなことをしようと奮い立たせてくれる座右の銘は?
「ハングリーであれ」

世の中にもっとあってほしいものは? 減ってほしいものは?
もっと先生がたくさん必要(お給料ももっと)。急な方針転換は減ってほしい。

自分の性格でいちばん自慢できるところは?
辛抱強さ。

憧れの、あるいは尊敬する女性は誰?
親友のクリスティーン・ウー。美術家としても人間としてもすばらしい人。彼女の影響で今の私がつくられたようなものよ。他人を決めつけない、共感力のある人柄のおかげで、私も考えが柔軟になったし、人生の選択に自信が持てるようになった。彼女とはテレパシーが通じてる気がする。テレパシーって、すごく便利で素敵なの。

「自分をわかってくれる
人たちがいることは大切。
アーティストとしての人生、
移動の多い生活——
理解できない人たちに
こういう話をするのは
難しい」

ローラ・ジェーン・グレース

ミュージシャン、ソングライター
(ミシガン州)

子どものころの夢は？
バンドに入ってミュージシャンになりたかった。最初に自覚したのは初めてマドンナを見たとき。「ああなりたい」って。

クリエイティブの世界にいる女性のどんなところに憧れる？
気力、野心、自制心。

あなたにとって成功とは？
つくりたかったものがつくれて、それが自分の願っていた形で観客や誰かひとりの心に響いたと感じられること。

キャリアや仕事のために払った最大の犠牲は？
人生でいろんなことをくぐりぬけると、「なぜ自分ばっかり？」と思う子どもっぽさから卒業するときがきて、「それが人生、つらいことは誰にでもある」とわかるようになる。何かを本気でやっていたら、つらいことも必ずある。だから、いいことも悪いことも受け止めなきゃ。バンド活動では、トレーラーに追突されたこともあるし、訴訟も経験したし、友人も亡

くした。喧嘩もしたし、離婚もした。今していることは、娘以外のすべてに優先する。生きるためにやらなくてはならないことだから。

ミスから学んで成功につながったことはある？

元マネージャーに訴えられて訴訟を経験したことは、私にとってかなり大きな出来事だった。今振り返ると、ガツンとやられる必要があったのかも。ひどいことにはならなかったし、すべて解決したけど。まったくばかばかしい経験をしながらも、無事に乗り切れて本当によかった。

夜眠れなくなるような不安や悩みはある？

強迫性障がいを抱えているから、夜眠れないほど不安だらけ。曲を書いたりレコーディングしたりするときは、たえず「また同じことができるんだろうか？　同じくらいうまくやれるんだろうか？」と疑念がつきまとう。ツアーを終えると「またツアーなんてできるのか？」「こうなったら、ああなったらどうなる？」ってね。そもそも価値があるのかという不安も。これまで過ごしてきた時間、過去に人生をともに過ごしたのに袂を分かって今はもういない人たちのことも考える。あんまり眠れないの。

仕事や経歴が同じ人と過ごすことは大事？

自分をわかってくれる人たちがいることは大切。アーティストとしての人生、移動の多い生活──理解できない人たちにこういう話をするのは難しいから。

自分らしく好きなことをしようと奮い立たせてくれる座右の銘は？

月並みかもしれないけど「ニーバーの祈り（静穏の祈り）」。信仰心はないし、信仰の篤い家庭で育ったわけでもないんだけど、「ニーバーの祈り」は祖母から教えられた。祖母は祈りの言葉を織りこんだタペスト

リーも持っていた。

世の中にもっとあってほしいものは？

全体にもっと理解が必要。誰もが同じ経験をし、同じものの見方をするわけではない、立場が違うのだと認識すること。それをわかろうとすれば──視野が広がれば──もっと見えてくるものがある。

10〜20年前の自分に教えてあげたいことは？

もっと気を楽にしなさい。すべてなんとかなるから。

これがなくてはやっていけない道具やモノや儀式はある？

紙とペン。

長い1日の仕事を終え、家に帰ってから楽しみにしていることは？

静かな家、赤ワインのボトル。

憧れの、あるいは尊敬する女性は誰？

母。

1日があと3時間増えたら何をする？

もっと夜更かしする。

「格好つけるのはやめて、別の仕事で食べているアーティストの実態についてもっと正直に言うべきだね」

ヴェロニカ・コーゾ・デュカート

グラフィックデザイナー、アーティスト
(ペンシルベニア州フィラデルフィア)

子どものころの夢は？

考古学者。80年代に子ども時代を過ごして、『インディ・ジョーンズ』とか『グーニーズ』みたいな映画に夢中になって。古代遺跡を発見して、何百年も誰も触れることのなかった遺物を手に取ったら別世界の物語が明らかになる……というお話が大好きだった。古代遺跡を見にいく代わりに、祖父母の家を探検した。子どものころ、毎日学校のお迎えは祖父がしてくれててね。祖父がほかの用事をしているあいだにこっそり1階に降りて、祖父の机の帳簿用紙や税申告書類の山をあさっては、隠された宝物や謎解きの手がかりを探したな。祖父に現場を見つかって「探検」はあえなく終了、発見は果たせなかったけど、隠された過去の物語を発見することへの興味は、今のアート制作の原動力にもなってる。

仕事場のお気に入りポイントは？

私に影響を与えてくれるものたちに囲まれているのが好き。参考資料をたくさん持っていて（私物、キューバの、あるいはキューバについての本や資料の類、オフィス用品……）、版画作品のイメージや質感をつくるのに使うの。そのわりにはすっきりしているよ。考えるためには何もない空間が必要だから。資料や物は保管庫がわりの箱にしまってあって、手に取りたくなったら引っ張りだしてくる。そんなときは想像力を遊ばせるために、うんと散らかす。いざ作業に入ったら、広げてすべてが目に入るようにしないといけないけど。

クリエイティブ系のビジネスを始める人に勧めたい備えは？

人付き合い。尊敬できる作品をつくっている、クリエイティブでセンスのある人たちと付き合うべき。

自信をなくしたり逆境に陥ったときの立ち直り法は？

そういうときは、パートナーや親しい数人の友人たちを頼ってる。支えてくれる人たちが身近にいることは本当に大切。いつもその人たちのおかげで、物事を大きな視点で見られるから。少なくとも濃い目のウイスキーカクテルをつくって「あなたはすばらしい人なんだから」と言ってくれる。それも悪くない。

自分らしく好きなことをしようと奮い立たせてくれる座右の銘は？

「肝心なのは行動すること。しゃべったり心配したり考えたりすることじゃない」
（エイミー・ポーラー［アメリカの女優、声優、プロデューサー］）

ミスから学んで成功につながったことはある？

これまでの人生で、成功を他人に頼りすぎたことが二度あった。責任を負うのが怖くて、この人たちなら私のためにやってくれるんじゃないかと思って任せてしまった。恐怖心と自信のなさから、自分ではできないと思って相手に主導権を渡してしまったんだね。それでうまくいったためしはない。成功も失敗も自分で責

任を引き受けなければならないとわかる
まで、時間がかかった。成功するために
は、自分をもっと信頼しなければならな
い。そのためには、ときには弱みもさら
すべきだと理解したの。恐怖心と自信の
なさとは、いまだにときどき格闘してる
——誰でもそうだよね。でも、経験を重ね
るたびに少しずつ、思い切りよく飛びこ
むのは上手になってきたかな。

駆け出しのころ役立ったアドバイスは？

「結局、大事なのは
あなたが何をつくるかだ」。
スタジオを立ち上げるとき、
親しいアーティストの
友人からもらったアドバイス。
その言葉が、頭の中で
あれこれ考えるのをやめて
仕事にかかろう、と
いつも我に返らせてくれる。

仕事で経験した最大の成功や誇りは？

いちばん誇りに思っている仕事は、祖父
にちなんで「ネチェ・コレクション」と名
づけた作品。個人的な思い入れのある作
品だったので、世間にどう受け止められ
るかまったくわからなかったけど、私に
とって具体的な歴史が詰まったものたち
を抽象的な視覚作品にできたのはすごく
よかった。ごく個人的なものでありなが
ら、観る人に「自分の物語が映しだされ
ている」と感じさせる抽象イメージに仕
上がったと思う。

憧れの、あるいは尊敬する女性は誰？

キャスリーン・ハンナ（342ページ）。かっ
こいいワルだと思う。アーティストとし
てもミュージシャンとしてもすごい。自分
が内向型だから、彼女の恐れ知らずなと
ころも、堂々と自分らしくふるまい、フェ
ミニストとして率直に発言していると
ころも尊敬してる。あのパフォーマンス
も好き——魅せられてしまう。世の中にこ
んな人がいることに本当に感謝してる。

**1日のよいスタートを切るために、
朝いちばんにすることは？**

毎朝ベッドの中でパートナーとコーヒー
を飲んで、その日の予定を話し合うか、
ラジオを聴く。彼女と話しているだけで
楽しい。1日のストレスが降りかかってき
て、お互い別のことに忙殺される前に、
おしゃべりできるのがいい。好きなペー
スで一緒に1日が始められるのは素敵。そ
れをしなかった日は、いつも何か足りな
い気分になる。

**世の中にもっとあってほしいものは？
減ってほしいものは？**

成功についてもっとオープンに、正直に、
語られるべきだと思う。インターネット
で他人の生活をのぞき見られるようにな
ったからなおさら、自分と他人を比べて
しまいやすいけれど、他人の生活には外
に見せない部分があるってことは忘れら
れがち。家賃を払うためにつまらない仕
事に就いていること、作品が突き返され
たこと、落ちこんだり不安になったりし
たこと、高収入の仕事をして生活を支え
ているパートナーがいること、今の場所
にたどりつく前に挑戦しては失敗してき
たさまざまなこと……そういうことは語
られていないから、結局は虚像と自分を
比べてるわけ。格好つけるのはやめて、
別の仕事で食べているアーティストの実
態について、もっと正直に言うべきだね。

自分で経営して得た最大の教訓は？

すべてをやることはできない。
自分にとって
いちばん大切なことを選んで、
それを追求しなくちゃ。
大切なことは
人生の時期によって
変わることもあるから、
そのときどきで柔軟に
対応することも大事。
自分にとって大切で得意なこと、
自分だけができることに
努力を注ぐべきだよ。

「笑いは究極の成功」

アビ・ジェイコブソン

作家、イラストレーター、
俳優、コメディアン
(ニューヨーク州ブルックリン)

子どものころの夢は？
不思議だけど、子どものときなりたかったものがそのまま今の自分だと思う。俳優になりたいけどかなわぬ夢だとずっと思っていた。それとアーティスト。子どものときは、常に絵を描いていたわ。兄と私はふたりとも高校と大学で美術を専攻していたの。両親とも、とてつもないクリエイターだったから、生まれたときから刷りこまれていたのね。

クリエイティブの世界にいる女性のどんなところに憧れる？
マイラ・カルマン（191ページ）は、独特の美しい個性があって、どの作品にもそれが出ている。ドローイング、ペインティング、著作、コンピレーション作品、どれもすぐに彼女の作とわかるもの。それはきっと、人、場所、物への強い好奇心から生まれている。私も世界をそんなふうに見たいわ。

仕事場のお気に入りポイントは？
道具をすべて身のまわりに置いておくのが好き。ペンやマーカーや定規をね。仕事場を道具で飾って、願わくば創造のインスピレーションにしたいの。

あなたにとって成功とは？
成功って、お金より自信の問題だとわかってきた。自分自身と自分がつくったも

のにパワーを感じているときは、成功していると感じる。職業柄、すぐにわかる成功のバロメーターもあるのよ。笑い。私にとって、笑いは究極の成功。

ミスから学んで成功につながったことはある？
ミスかどうかはわからないけど、ウェブ配信のドラマシリーズ『ブロード・シティ』を始めたきっかけは、イラナ（・グレイザー）と私が、研究生だった劇場のハウスチームに入れなかったことなの。声はかかるから惜しいところまできてるんだと思って、3年連続でオーディションを受けた。あのころは視野が狭くなって、チームに入ることがすべて、演技者としてのキャリアを歩む唯一の方法だと思ってた。で、3年でふたりともくじけちゃって、だったら自分たちで何かつくろうと決心した。私たち天才なんだから、他人にコメディを「やらせていただく」のを待つ必要なんてある？　って。それで『ブロード・シティ』を制作したわけ。あのシリーズですごく勉強したし、自信もついた。うそみたいよ。昔から「ひとつの扉が閉じれば別の扉が開く」と言うけど（別の扉は自分でつくって自分でこじあけなきゃならないけどね）、そうすれば、扉の向こうは自分の思いどおりの世界よ。

自分らしく好きなことをしようと奮い立たせてくれる座右の銘は？
大学時代に、本屋にディスプレイされていたある本の一節を、小さな手帳に全部、書き写したの。そのひとつがずっと心に残ってる。「自分にできること、夢見られることは何でも始めなさい。才能も力も魔法も勇気の中にある。今、始めなさい」

10〜20年前の自分に教えてあげたいことは？
自分がやりたいことがはっきりわからなくてもいい。興味のあることはすべて大切だし、いずれすべてつながる方法が見つかる。だから楽しめることはすべて続けて！　今の自分にも言い聞かせてる。

自分の性格でいちばん自慢できるところは？
かなり器用なタイプだと思う。イラストの仕事を続けて、それを新しい形でキャリアにつなげているのは、われながらヤルなと。さらに手を広げたいわ。

はたからはわからない、ひとりで働く苦労は？
一緒に仕事する適材を見つけること。形の上では個人事業主でも、たくさんの人と仕事しなければならないから、ウマの合う、頭がよくて協調性のある人を見つけるのが成功の鍵。これまでやってきて、ビジネスを成長させる最大の要素は人、いちばん難しい部分も人だとわかったわ。

ビジネスのアイデアや自分がやりたいことに気づいたのは、いつ、どこで？
俳優としては、10年ほど前にルームメイトから「あなたが好きそう」と言われて、UCB（アップライト・シチズンズ・ブリゲード）の劇場にひとりでショーを観にいったとき。感激して身動きできなかった。そんなの初めてだった。あのときに心が決まった。「コメディに進もう」って。

憧れの、あるいは尊敬する女性は誰？
母よ。母は美術学校を出たわけじゃないけど、そのアトリエに足を踏み入れたら、楽しさと遊び心に圧倒される。私が子どものころ、母はクラフトショーで陶器を売っていた。会場に一緒にいるのは本当に楽しかった。母には聴覚障がいがあって人工内耳をつけているけど、誰もわからない。我慢強くて、障がいを問題にしたことがないから。でも本当は苦労しているのを私は知ってる。すごい存在感と独自の精神の持ち主。いつも仰ぎ見てるわ。背は母のほうが低いけどね。

「自信は必須！」

ジュリア・ロスマン

イラストレーター、デザイナー、作家
(ニューヨーク州ブルックリン)

子どものころの夢は？

子どものときは本気でダンサーになりたかった。週4回お教室に通っていたの。でも、思春期に入って丸みを帯びた体型になって、どうやら可能性がなさそうと思うようになった。アートは2番目の選択肢だったのよ！

自信をなくしたり逆境に陥ったときの立ち直り法は？

母は昔から私の味方、いつも応援してくれている。

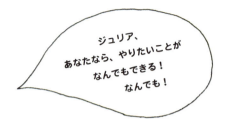

ジュリア、あなたなら、やりたいことがなんでもできる！なんでも！

それに、母はなかなかの起業家精神もあるの。

それ、売れるんじゃない？

仕事場のお気に入りポイントは？

どれだけ散らかしてもかまわないところ！

これがなくてはやっていけない道具やモノや儀式はある？

プロスペクト・パークでのジョギング。

あなたにとって成功とは？

コストや
難易度を心配せず、
やりたいプロジェクトが
できること。

夜眠れなくなるような不安や悩みはある？

時代から取り残されるんじゃないかと
とても不安になる。
それと、
アーティストとして成長できる
新しいことにチャレンジできなく
なるんじゃないかというのも不安。

あなたのモットーは？

CONFIDENCE IS MANDATORY! 自信は必須！

1億ドルもらったら、ビジネスのやり方を変える？ だとしたらどんなふうに？

意義のある
活動のための
ボランティア
だけをして、
それを
手伝ってくれる人を
雇う！
それにしても
大金ね！

自分らしく好きなことをしようと奮い立たせてくれる座右の銘は？

「生きているあいだに
自分の人生だと
実感したい」（メリル・ストリープ）

今の自分から見て、駆け出しのとき
こうすればよかったと思うことは？

私生活では
いろんな
波があったわ。
週末も、
あれほど仕事漬けでなければ、
状況は変わっていたかも。

1日のよいスタートを切るために、
朝いちばんにすることは？

朝ごはんをきちんと食べて、
ラジオでニュースを聴いて、
世の中で何が起きているかを知る。

憧れの、あるいは尊敬する女性は誰？

姉のジェシカよ。
ウガンダで
霊長類の栄養学を
研究している
科学者なの。
自分と血がつながって
るなんて信じられない。
すごい研究をしているのよ！

自分の性格でいちばん自慢できるところは？

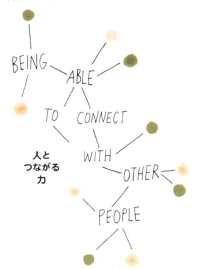

人と
つながる
力

1日があと3時間増えたら何をする？

遊びで絵を描く！

世の中にもっとあってほしいものは？
減ってほしいものは？

怖がりさんが減って

リスクをとる人が増えたらいいな。

「世の中はあなたの声を
必要としている。
だから他人が考える
『あなたってこういう人』
という虚像に、
自分を合わせようと
するのはやめて。
相手に真剣に
自分を見てもらうの。
自分をわかってもらうのよ」

ダニエル・ヘンダーソン

ライター、編集者
(ニューヨーク州ニューヨーク)

子どものころの夢は？
数年前、小学4年生のときの作文が出てきて、将来なりたいものに詩人、プロバスケットボール選手、歌手、ハーバード大卒業生、建設作業員と書いてあった。どれにもなれなかったけど、子ども時代の自分の野心にはあっぱれと言いたい。

クリエイティブの世界にいる女性のどんなところに憧れる？
分かち合いの精神。女性のクリエイターは、人と会うときたいてい、別の女性も同席させたがる。果実はどんどん分かち合うべき、と思うわ。

あなたにとって成功とは？
熱意をこめて「イエス！」とどれだけ言えるか、だと思う（言えれば成功）。

仕事場のお気に入りポイントは？
いろんな役割を兼ねているところ。ニュ

ーヨークの小さな自宅アパートメントの片隅を仕事場にしているから、無駄な空間はいっさいないわ。

キャリアや仕事のために払った最大の犠牲は？
どうしても会えなくて、心ならずも犠牲にした人間関係がいくつかある。友だちや愛する人との時間は取り戻せないのに。

1億ドルもらったら、ビジネスのやり方を変える？　だとしたらどんなふうに？
エッフェル塔の上からの「打ち合わせ」をうんと増やしたいわね。あそこ、Wi-Fiがよく入るんでしょ？

ミスから学んで成功につながったことはある？
最大のミスは、仕事を引き受けすぎたこと。私、貧しい家で育って頼れる相手がいないの。生活が自分ひとりにかかってるから、つい。2週間、朝の4時まで仕事して、8時に起きてまた仕事したときは、マジで頭がおかしくなりかけた。締め切りは絶対落とさないって意地があったし、仕事の質を落とすのはもっとくやしいし……。そんな修羅場を脱して決心したの、目先の生活費のために自転車操業するより、報酬の高い大きな仕事を受けるほうが理にかなってるって。いまだにときどきすごく怖くなるけど、この決断のおかげで、以前より賢く働けてると思う。

夜眠れなくなるような不安や悩みはある？
傍流に追いやられるんじゃないかという不安がある。人種、ジェンダー、階級について書くのが好きなんだけど、そのせいで、ほかのテーマも書けるとわかってもらえないことがあるの。

あなたのモットーは？
「自分に許可を与えなさい」。この仕事をプロとしてやる資格が自分にはないんじゃないかと長年思っていて、今もその思いこみから抜けだそうとしている最中。

自分の性格でいちばん自慢できるところは？
私、面白い女なの。あとすごい謙虚！

自信をなくしたり逆境に陥ったときの立ち直り法は？

つい友だちに泣きながら電話しちゃって、本気でイラッとされる。そしたら相手に「私は以前も乗り切ったし、これからも乗り切れると思い出させて」って頼むの。あと、ツイッターを見ない。

自分らしく好きなことをしようと奮い立たせてくれる座右の銘は？
メアリー・オリヴァーの「野生の雁」という詩まるごと。美しくて深くて、自分も大きな自然の一部なんだと思い出させてくれる。必ずモチベーションが高まるのは、祖母の口癖だった「やれるもんならやってみやがれってんだよ」。自分の行く手にはねのけられない障害なんてないって思えてくる。ちっちゃくて怖いおばあちゃんだったけど、最高の先生だったな。

10～20年前の自分に教えてあげたいことは？
世の中はあなたの声を必要としている。だから他人が考える「あなたってこういう人」という虚像に、自分を合わせようとするのはやめて。相手に真剣に自分を見てもらうの。自分をわかってもらうのよ。

これがなくてはやっていけない道具やモノや儀式はある？
無印良品の0.38mmのボールペン。PCで清書する前に、考えを大量に、一気に手書きするのに、この太さがベストなの。

「自信がなくなったら、
子どもに戻ってみるの。
子どもの自分が
好きだったものが、
何が自分に向いているかの
バロメーターでしょ」

ジョアナ・アヴィレス

イラストレーター
(ニューヨーク州ニューヨーク)

子どものころの夢は？
7歳か8歳のときの日記に「大きくなったら、絵本のイラストレーターとインテリアデザイナーと女優になりたい」と書いてあった。あとのふたつも、実はイラストレーターに含まれる気がするわ。ある空間の中にいる人物になりきって視覚化しなければならないことが多いから。それと、パパと一緒にひたすら絵を描いていたかった。

**クリエイティブの世界にいる女性の
どんなところに憧れる？**
女性って生まれながらに世話好きなところがあるでしょ――私もそう。だから、自分を最優先に考えて、まわりを喜ばせるために無理していない女性を見ると、気持ちがいい。

あなたにとって成功とは？
喜びと達成感と余裕。私の場合は絵を描いて生活できるようになったこと。9歳のときの自分が今の自分を見てどう思うか想像すると、うれしくなる。もうひとつは、仕事でどこかに到達しようとしてい

るという感覚。本当の自分らしさにだんだん近づいているという感覚。たぶん一生かけて追いかけつづけるんだと思う。

仕事場のお気に入りポイントは？
住まいと仕事場が同じところ。昔、パパの仕事場だったロフトよ。『ルシタニア』という、アートと政治をテーマにした小さな雑誌を発行していたパパの痕跡が、あちこちに残っているところが好き。高い天井もとても気に入っているわ。

ミスから学んで成功につながったことはある？
数カ月間、ニューヨーカー誌の漫画制作に挑戦して、絵と文を完全にマッチさせる作風をさんざん試したけど、まったくもってひどい出来だった！　毎週、編集部に出向いて担当編集者に原稿を手渡し、毎週ボツにされたことは（新人がその洗礼を受けるのもならわしどおり）、今にして思えば、私をすごく自由にしてくれた。自分がつくったものを神聖視しなくなったし、突き返される恐怖心からも自由になれた。これじゃダメ？　じゃあまたトライするわって感じね。

自信をなくしたり逆境に陥ったときの立ち直り法は？
自信がなくなったら、子どもに戻ってみるの。あたりまえで陳腐に聞こえるかもしれないけど、子どもの自分が好きだったものが、何が自分に向いているかのバロメーターでしょ。昔、自分は何に惹かれたのかに立ち戻れば、よけいなしがらみのない根っこの部分に戻れる。ひとりで絵を描いたり、世界をつくりだしたりして過ごした膨大な時間、両親の家のソファで本を読みふけったたくさんの午後、純粋に興味を刺激したものたちを考えれば、今の自分を取り巻く雑音に惑わされずに原点に戻れるわ。

10〜20年前の自分に教えてあげたいことは？
職場体験学習の選択肢みたいな型どおりではない仕事を、自分でつくれるはず。どんな世界、どんな職業にも、ほかと少しだけ違うものがたくさんあるんだから。

自分らしく好きなことをしようと奮い立たせてくれる座右の銘は？
サマーキャンプに行っていたときパパが送ってくれた手紙の中に、かわいいちっちゃなモンスターか動物みたいなキャラクターが描いてあって、吹き出しのせりふに「だいじなのは──きみらしくいることだよ！」と書かれてたの。シンプルだけど真実そのもの。パパが亡くなったあと、私はその言葉を指輪に彫ってもらって、落ちこんだら眺めるようにしている。そうすると元気になれるし、守られている気がするから。

インスピレーションが必要なときや、スランプから脱出したいときの特効薬は？
ママに電話してグチを言う。

1日のよいスタートを切るために、朝いちばんにすることは？
犬を飼っているので、いやでも早朝に家を出て長い散歩をするの。イラストレーターって座りっぱなしになりがちだけど、愛犬のペペのおかげでそうもしていられないわ。

「喜びは痛みをかき消す」

アリス・ランドール＆キャロライン・ランドール＝ウィリアムズ

作家、食の活動家
（ウェストバージニア州モーガンタウン）

子どものころの夢は？

アリス：12歳のころ、『森の隣人：チンパンジーと私』（朝日選書）を読んで、ジェーン・グドールの独立心と知性と冒険に夢中になった。彼女に「人類学者になりたい」ってエアメールも送ったのよ。宛先は「タンザニア、ゴンベ川、ジェーン・グドール様」。そしたら、1年後にグドールから手書きの返事がきた。いつかスタンフォードにいらっしゃい、一緒に研究しましょうと書かれていたわ。1977年に私はハーバードに入学して「人間という奇妙な霊長類」みたいな題の講義を取ったけど、教えていたのは著名な人類学者のアーブン・ドボア。彼はグドールが大嫌いだったの。同じころ、黒人で人類学者から小説家に転身したゾラ・ニール・ハーストンの作品を知って、人間の文化や生活の細部と多様性に魅せられながらも、徐々に小説を書くことへ興味が移っていった。ゾラ・ニール・ハーストンの足跡をたどっていると思うのが、うれしかったのよ。

クリエイティブの世界にいる女性のどんなところに憧れる？

アリス：世の中に欠けているものを見たとき、ないと嘆くのではなく、それをつくろうとする意欲。

キャロライン：目撃し、真実を語ることに仕事を捧げている女性たちがいるでしょ。アートやそれ以外のものを表現するのに必要な繊細さと不屈の精神、個人や社会の正義を求めるため闘う姿勢にはいつも敬服しているわ。畏敬の念を覚えずにはいられない。

あなたにとって成功とは？

アリス：小説家としては、自分で声を上げられない人たち──すでに亡くなっていたり社会から疎外されていたりする人たちの代弁ができたら、成功だと考えている。社会に対して発言する声を奪われている女性たちは、じつはすごくたくさんいる。私はそういう「語られるべき物語」を見て、理解して、語ろうとしているの。食の活動家としては、私の仕事によって1年後に糖尿病になる人がひとりでも減ってくれたら成功だと考えているわ。母親としては、娘が自分は愛されている、尊重されていると思いながら育ってくれたことが成功よ。

キャロライン：ペンで生き、人生を生きること。書くものが詩であれ料理書であれ、作品で人を動かし、参加させたい。生きる糧にしてほしい。それが自分自身の糧にもなるようでありたい。

キャリアや仕事のために払った最大の犠牲は？

キャロライン：プライバシーよ。いちばん語りづらい物語や闘いこそ、本当に語られるべき物語や闘いなのだとよく思う。私生活を出さなくても作品を書ける人はいるけど、私はそういうタイプの作家では

娘キャロライン（左）と母アリス

ない。これは大事なことだ、役に立つことだからシェアすべきと感じたら、どんなに個人的なことでも書くわ。

仕事場のお気に入りポイントは？

アリス：娘と一緒に本を書くという得がたい幸せに恵まれた場所だということ。

キャロライン：ハイブリッドなところ。食事をする部屋に本があり、執筆する部屋に食べ物があるから、ひとり何役もこなせる。そうせざるをえない面もあるけど。食と著述はこれからもずっと二人三脚の関係。この仕事場のおかげで、その関係がスムーズだし、相乗効果もあるの。

自信をなくしたり逆境に陥ったときの立ち直り法は？

アリス：「喜びは痛みをかき消す」という真理を思い出す。よくぞここまでやってきた、と。私の人生はひどい虐待から始まったの。母は亡くなる前、自分の虐待で私がいずれ死ぬか犯罪に走ることも予想できた、って認めたわ。でも、私に影響を与えたのは母だけじゃない。私には祖母や叔母もいたし、幼稚園に入ってからは親友にも恵まれた。アニータ、レスリー、ミミ、ジョーン。今では娘のキャロラインもいる。落ちこんだら、そんな彼女たちの目から見た自分を考えるの。自分を取り戻す助けになるわ。いつもね。今は奇跡のような娘との友情が、私を支えてくれている。ひとりきりで好きな歌を聴きながら、ベッドルームを踊りまわるのもいいわよ。

キャロライン：母が味方でいてくれること

がすごい財産。

あなたのモットーは？

キャロライン：私は筋金入りのシェイクスピア狂なの。だから『ヘンリー五世』の台詞、「もう一度あの突破口から突き進め、諸君」ね。目標に向かってたゆまず突き進むという考えが好き。

世の中にもっとあってほしいものは？減ってほしいものは？

アリス：もっと楽観主義と寛容さが増えてほしい。心の狭さは減ってほしい。

キャロライン：もっと教師が必要。教師のお給料に予算をもっと充ててほしい。

10〜20年前の自分に教えてあげたいことは？

アリス：契約書をしっかり読みなさい。

キャロライン：17歳の自分に「あなたが美しいと思っていないものも本当は美しいのよ。いずれそのことがわかって、幸せになるわ」と言いたい。

憧れの、あるいは尊敬する女性は誰？

アリス：たくさんいるけれど、とくに尊敬するのはハリエット・タブマン［訳注：自身も奴隷だった奴隷解放運動家］。子どものころからタブマンのことは知っていた。彼女は自分が自由の身になったあとも、何度も何度も危険を冒して南部に戻り、仲間たちの逃亡を助けた。彼女の無私の精神、勇気、手腕、想像力……、昔も今も、すべてに憧れる。

キャロライン：母、マヤ・アンジェロウ、エリザベス1世。誰ひとり欠かせないわ。

あなたのモットーは？

アリス：
難しくても正しいことをする。
３倍努力して
欲しいものを手に入れるの。
何でも
やってみなければわからない。

> 「必要に応じて
> 自分のやっていることを
> 修正できること、
> 本当の意味で
> 自己評価できることが
> とても大切」

アナ・ボンド

アーティスト、デザイナー
(フロリダ州ウィンターパーク)

子どものころの夢は？
なりたいものはたくさんあった。先生、お母さん、建築家、作家、ソーシャルワーカー、アーティスト。アーティストが残って、最終的にその道に進むことになった。ただ、アーティストが職業としてどういうものかがわかるまでには長い時間がかかったわ。小学校でグラフィックデザイナーとか製品開発者という仕事もあることを教わらなかったのは、ちょっぴり残念。子どもができるだけ早いうちにいろいろな職業に触れることは大事だと思う。

駆け出しのころ役立ったアドバイスは？
「柔軟でいなさい」。ビジネスを常に微調整して正しい方向に進めるには、必要に応じて自分のやっていることを修正できること、本当の意味で自己評価できることがとても大切。

ミスから学んで成功につながったことはある？
市場に出してうまくいくもの、いかないものをたえず学ぶことが、成功に近づく秘訣。大ヒットすると思った商品がまっ

たくの不発に終わった……、なんてことを経験しながら長年やっているうちに、売れやすいデザインがわかってくるようになるの。

今の仕事を知ったのはいつ？　なぜ惹かれた？
振り返ると、いろんな「好き」が合体したのね。小さいころはスタンプや文房具が大好きだった。7、8歳のとき、父に「アナズ・ロゴ・ショップ」というロゴの会社をつくりたいって言ったのを覚えてる。雑誌のレイアウトとかアルバムの表紙とか絵を描くことが大好きだった。それで大学でグラフィックデザインの勉強をして、フリーランスになったの。私はひとりで仕事をしたいタイプ、自分で何かをつくりたい人間だとわかったので。そのすべてが、ステーショナリーの会社「ライフル・ペーパー・カンパニー」とブランドの立ち上げにつながったのよ。

ビジネスを始める前に考えておくべきことトップ3は？
1）実現可能で、独創的で、市場で求められているか。
2）最後までやり抜く意欲、成功するためにすべきことをする意欲と自己管理能力があるか。
3）自分がやっていることを一歩引いて客観的に評価し、修正や調整ができるか。

今の自分から見て、駆け出しのときこうすればよかったと思うことは？
もう少し自分から助けを求めたり、メンターを探したりすればよかった。業界に知り合いが誰もいなくて、全般的なアドバイスをもらえるような相手がいなかったから。やりながら覚えていったけど、教えてくれる相手を探していれば、あんなに苦労はしなかったと思うわ。

「打ちのめされるような
体験は誰にでもある。
肝心なのは、つまずきから
学んで、盛り返して、
必要とあらば
新たにつくり直す力よ」

ドミニク・
ブラウニング

作家、活動家
(ロードアイランド州リトルコンプトン)

子どものころの夢は？
スパイ。映画『ゲット スマート』に出てくるような。それに宇宙飛行士。ほかの惑星に住んでみたかったの。あとはボス。なぜ私の人生を母に支配されなくちゃならないの？　二度とごめんだわって。

**クリエイティブの世界にいる女性の
どんなところに憧れる？**
立ち直る力。打ちのめされるような体験は誰にでもある。肝心なのは、つまずきから学んで、盛り返して、必要とあらば新たにつくり直す力よ。だから私は泣き言もそれを言う人も嫌い。前進あるのみ。

あなたにとって成功とは？
私の場合、まず食べていかなくちゃならないから、仕事があれば成功。次にその仕事が、常に学べるよい仕事であること。その次に、魂が満たされる仕事であること。さらに、世の中をよくする役に立っていること。読者の楽しみや気晴らしになるにせよ、環境汚染の元凶と闘うにせよ。とはいえふだんは、花壇を手入れしたり、ガレットを焼いたりしては達成感を得てる。できないと思っていたことができたら、それが私にとっての成功かも。

キャリアや仕事のために払った最大の犠牲は？
子どもたちとの時間。白状すると、果てしなき忍耐の子育てから離れられることに、解放感を覚えた日があった。振り返ると、失った時間に身を切られる思いよ。でもきっと、子どもたちと1日中一緒にいたとしてもそう感じたはず。言っておくけど、子どもたちは私が仕事を持っていたことを、とても喜んでいるわ。

**自信をなくしたり逆境に陥ったときの
立ち直り法は？**
例の「立ち直る力」には、7段階のプロセスがあるの。
1) 怒りに身を任せて感情を爆発させ、悪態をつき、髪をかきむしる（人前ではやらないように。ネットでは絶対にダメ）。
2) 嘆き悲しむ。落ちこむかもしれない。でも、うつになるのとは違う。
3) 1日数回、散歩に出る。悲しみをうつ状態に発展させないように、頬に風を感じて。前に進む感触を味わって。
4) 助けを求める。人を助けるのに慣れている人でも、自分から助けてとはなかなか言えない。助け求めるのは弱いからではない。それは、「この人は助けてくれる」と相手を信じている証。
5) 発想を逆転させる。挫折じゃない。再生のチャンスなのだと。
6) 怖いという感情を知り、大切にする。怖いと感じるのは成長しているとき。
7) ネガティブ思考をやめる。強制的にやめる。全部自分のせいだというのは傲慢な思いこみ。自分がコントロールできることなんてそう多くはない。不運もある。運に対しては何もできない。本当に面白いのは、そこからよ。

「私にとっての成功とは、1日を好きなように使える自由があること」

アナ・セラーノ

アーティスト
(カリフォルニア州ロサンゼルス)

子どものころの夢は?
クリエイティブな仕事をしたいという気持ちは昔からあった。時期によって建築家、ファッションデザイナー、フォトグラファーと変わったけど、どれにも好奇心があったの。

駆け出しのころ役立ったアドバイスは?
「何でも好きなものをつくって、使い道はあとから考えなさい」。このアドバイスは私を本当に自由にしてくれた。作品の制作プロセスと結果を考えすぎて、よく身動きとれなくなっていたから。思い浮かぶままに創作するようになったら、自分の声が見つかり、ファンもついた。

仕事場のお気に入りポイントは?
床でもどこでも、ペンキがついちゃってかまわないところ。汚しても大丈夫と思うと、作業のストレスが減るのよ。

自信をなくしたり逆境に陥ったときの立ち直り法は?
同じアーティストの友人たちにすべてしゃべる。アート制作にまつわる話を受けとめてくれる友だちがたくさんいて、恵まれていると思うわ。みんな同じ苦労をして、同じ悩みを持っているけど、そういう話ができて一緒に乗り越えていければ楽になる。

自分らしく好きなことをしようと奮い立たせてくれる座右の銘は?
「人生は短い」。これを思い出すと、人生を見る視点が一瞬で変わる。生きていて健康なだけでありがたいと思えるし、自分が幸せでいられるような愛する人たちと一緒に過ごすとか、本当に大切なことに集中しようと思えてくる。

今の自分から見て、駆け出しのときこうすればよかったと思うことは?
昔は、やり方がわからなくて先延ばしにしてしまうことがよくあった。あのとき誰かに助けを求めていればよかった。

自分の性格でいちばん自慢できるところは?
プレッシャーがあっても集中力を切らさずに素早く作業できるところ。

インスピレーションが必要なときや、スランプから脱出したいときの特効薬は?
遠回りして、走ったことのない道をドライブして帰る。街はいつもインスピレーションの源。図書館に行ってアートの本を眺めたりもする。そんなふうにして、新しいものを発見するのが好き。

憧れの、あるいは尊敬する女性は誰?
レイ・イームズ。アートとデザインが日常に浸透していた彼女の生き方に憧れる。

あなたにとって成功とは?
私にとっての成功とは、1日を好きなように使える自由があること。

CASHED

KICK IT CRICKET

EL SABIO CALLA
EL INTELIGENTE DISCUTE
EL IDIOTA GRITA
ENTONCES QUIEN SOY
AHORITA

「自然に成長しなさい。
背伸びしないで」

アイリーン・
フィッシャー

ファッションデザイナー、実業家
(ニューヨーク州アービントン)

子どものころの夢は？
ダンサーになりたかったわ。結局、一度も習わなかったけれど。

駆け出しのころ役立ったアドバイスは？
「自然に成長しなさい。背伸びしないで」。本当に人に喜ばれて役に立つ商品をつくれば、利益はあとからついてくる。

あなたにとって成功とは？
喜んでくださるお客様、つまり私たちの服を愛してくださる女性たちを見つけること。それに、世の中にプラスの影響を与えること。たとえば、女性のリーダーシップをはじめとする持続可能性への取り組みね。さらには、他者に手を貸すこと。社員やほかの女性起業家や若い女性のリーダーシップの育成よ。

夜眠れなくなるような不安や悩みはある？
ブランドの本質を守ること。企業として収益性をいかに定義し、持続可能なビジネスモデルを採り入れていくかが悩み。個人としては人前で話すこと。数人でも大勢でも、スピーチするのは本当に苦手。

ミスから学んで成功につながったことはある？
当初はフレンチテリー［訳注：薄手のパイル地］だけをメインに使ってたんだけど、これがちょっとした失敗で……。同じシルエットでファブリックの選択肢を広げれば、コレクションに幅ができると学んだ

わ。それからはビジネスが急拡大した。私が突き当たってきた課題はすべて、実は新たなチャンスだったのよ。

仕事で経験した最大の成功や誇りは？
私のデザインコンセプトが30年経った今も通用していること。私の会社が社会的意義を掲げ、達成してきた持続可能な取り組みも、とても誇りに感じている。「グリーン・アイリーン」プログラム［訳注：アイリーン・フィッシャーブランドの服を店舗に持ちこんでもらい、再生・リユースする活動］で、昔のアイテムを目にするのも楽しい。服が生きつづけ、意味や時代性を失っていないのを見るのはうれしいわ。

今の自分から見て、駆け出しのときこうすればよかったと思うことは？
あれほどしゃかりきにならなくても、もっと落ち着いて、よく考えて、もう少しゆっくり取り組んでもよかった。それから、もっと早くに自分の生活を優先するようにしてもよかったわね。

**世の中にもっとあってほしいものは？
減ってほしいものは？**

もっと愛と幸せと喜びを。モノはこんなにいらない。モノは必要だけど、「適切な」ぶんだけでいい。

インスピレーションが必要なときや、スランプから脱出したいときの特効薬は？
うちにある「考えごと専用の椅子」に座って過ごすひとときが好き。書くのも好きよ。日記に何ページもとりとめなく書くのが元気の素。紙に書くと問題が見えて、霧が晴れるようにすべきことや次のステップがわかってくるの。

「自分のような人が
ほとんどいない業界で、
有色人種の性的少数者だと
公表しているのを
誇りに思っているわ」

ジャシカ・ニコル

俳優、ハンドメイド作家
(カリフォルニア州ロサンゼルス)

子どものころの夢は？
CMソングの作詞家か海洋生物学者かで迷ってた。うちは音楽教室に行かせてもらえる余裕がなかったから、誕生日にもらった安い電子オルガンが気に入っていたのに、正しい弾き方はわからずじまい。中学に入って、海洋生物学者になるには相当な時間を水中で過ごさなければならないと知った。昔から海がすっごく怖かったから、その夢も消えた。でも学校の演劇の授業がタダだったおかげで、代わりに自分は舞台に立つのが得意だと気がついたの。高校を卒業するころには、俳優が目標になってたわ。

クリエイティブの世界にいる女性のどんなところに憧れる？
ノーと言えるところ。私は20代になるまでそれができなかったし、正直、今でも平然とは言えない。でも、できるようになったことの中では、これがいちばん力になったことのひとつね。

仕事場のお気に入りポイントは？
困ったな。仕事場がたっくさんあるんだもの！　でもその場所が限定されないと

257

ころが、まさに気に入ってる点かも。この家全体が私にとっては仕事場なの。仕事でバンクーバーに4年いたあと、ニューヨークに戻らずにロサンゼルスに移り住んだ大きな理由は、広いスペースが欲しかったから。このスペースがなかったら、今持っているスキルの半分も身に着けられなかったでしょうね。

1億ドルもらったら、ビジネスのやり方を変える？ だとしたらどんなふうに？

働く時間や働き方や立場は、他人に決められてばかりだから、それだけのお金があったら、自分で演じる仕事をつくるかな──脚本を探して、多様な俳優と作家を参加させたダイナミックなオリジナルコンテンツのプロデュースをしたら、すっごく面白いよね。でもやっぱり、それだけのお金があったらビジネスを拡大して、LGBTQ［訳注：レズビアン、ゲイ、バイセクシャル、トランスジェンダー、その他の性的少数者クィア］と非行や虐待なんかのあぶなっかしい境遇にある若者のための非営利団体を立ち上げたい。この手のプログラムは、どれだけあっても十分ということはないと思うの。再利用や再活用をテーマにした、ものづくりを子どもや若者に教える組織を設立するのが夢のひとつよ。

夜眠れなくなるような不安や悩みはある？

俳優という仕事で最大の不安は、自分のセクシュアリティのせいで役が限られてしまうこと。肌の色で対象外になってしまう仕事も、もちろんたくさんある。アメリカの映画やテレビの主役は、大多数が白人だから。でも、同性愛者を忌避するハリウッドのキャスティング慣行の実態はわかりにくいし、はっきり証明できないから、ひとりで悩んで、同じ悩みを抱える俳優仲間と慰め合うしかないの。自

分のような人がほとんどいない業界で、有色人種の性的少数者だと公表しているのを誇りに思っているわ。だから、私の不安はカミングアウトに対する不安じゃない。多様な人の存在が業界の底力になっているのに、その人たちの声を評価しない業界に自分が積極的に参加している、そのことへの不安よ。

自信をなくしたり逆境に陥ったときの立ち直り法は？

俳優業でそうなったときは、人生でほかに楽しいこと、得意なことに気持ちを向けるようにしてる。「私はあの役をやるには若さも美貌も演技力も足りなかったかもしれないけど、このゴージャスなドレスをつくっちゃったもんね！」って。

世の中にもっとあってほしいものは？

もっと趣味を持つ人が増えてほしいな。それには、時間やお金やスペースの余裕が必要なことが多いから、大多数のアメリカ人には贅沢よね。でも、生活に喜びをもたらしてくれる活動や体験があるっていうのは、自尊心や幸福感を高める絶大な効果があると思うの。

「愛の心で導きなさい」

メアリー・ヴァーディ・フレッチャー

ダンサー、振付師
(オハイオ州クリーブランド)

子どものころの夢は？
ずっと母と同じダンサーになりたかった。車椅子でもダンサーになりたい、と人に言うようになったのは、3歳からかしら。

クリエイティブの世界にいる女性のどんなところに憧れる？
思い切った夢を描き、それを追いかけて成功する女性たちからにじみ出る、内面の強さに憧れるわ。

仕事場のお気に入りポイントは？
ほぼずっと、音楽が流れていること。

ミスから学んで成功につながったことはある？
初期のころ、カンパニーを失うことを恐れるあまり、自分より知識も芸術的才能もあると思った人たちに頼ってしまった。彼らはエゴを増長させて、カンパニーと私を利用したけど、それを許した。まるでDVを受けている結婚生活みたい。虐待を受けているほうは、自分が抑圧されていることに気づかない。でもその後、彼らには辞めてもらって、自分の人生とカンパニーを取り戻した。あれは人生で最高の決断だったわ！

自信をなくしたり逆境に陥ったときの立ち直り法は？
自分にじっくり言い聞かせる。この状況を変えたければ、自分で舵を握って、腕まくりしてやるしかないのよ！　って。

自分らしく好きなことをしようと奮い立たせてくれる座右の銘は？
今ごろになって、幼いとき母に教えられた言葉をよく思い返すの。母はいつも、人から障がいについて聞かれたら「私は障がい者じゃなくて、メアリーよ！」って答えなさいと言った。当時はその意味がわからなかったけど、今なら母が私の「障がい」ではなく「人間」を見てほしかったのだとわかる。

自分の性格でいちばん自慢できるところは？
精神的な強さね。

あなたのモットーは？
「愛の心で導きなさい」。そうすれば、ほとんどの決断を正しい理由で行なえる。

世の中にもっとあってほしいものは？減ってほしいものは？
自分にかまけるより、もっと他者の役に立つことを考える必要があるんじゃないかしら。とくに若い人は。

ビジネスのアイデアや自分がやりたいことに気づいたのは、いつ、どこで？
「ダンシング・ホイールズ・カンパニー」の旗揚げを思いついたのは、非障がい者のパートナーとペアを組んで、初めてダンス競技会にエントリーしたときよ。私は唯一の車椅子のダンサーとして2000人の前でステージに立ち、審査員と観衆を驚かせた。準優勝を勝ち取り、『ダンス・フィーバー』という全国ネットのテレビ番組に出演して、アメリカ中の注目も浴びた。そのあとは知ってのとおり！

これがなくてはやっていけない道具やモノや儀式はある？
毎日祈ってる。聖テレサに捧げる特別な祈りがあって、どんなマントラよりも心のお守りになるのよ。

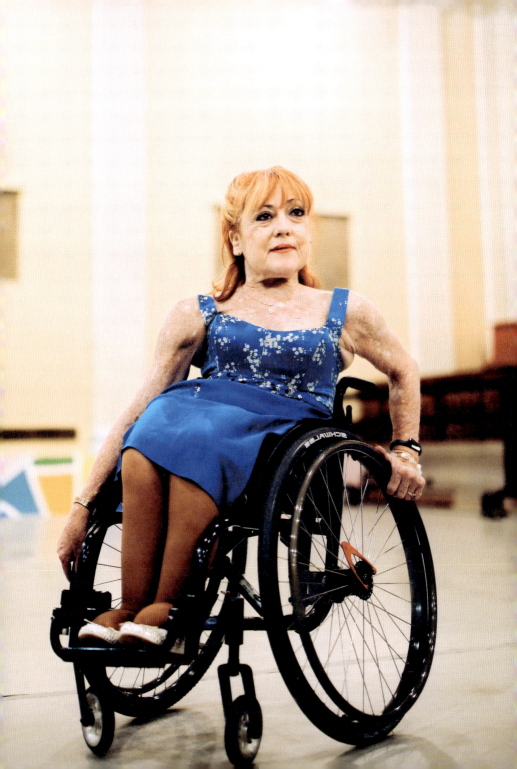

「私は嘘やごまかしが
できない。
裏表なく、善意で動くときに、
いちばん本領を発揮できる」

ランディ・ブルックマン・ハリス

空間コーディネーター
(ニューヨーク州ブルックリン)

子どものころの夢は？
ずっとアーティストになりたかった。あちこちいじって自分が「アート」したらどうなるか見るのが好きだった。でも空間コーディネーターになって、自分が「つくる人」じゃないとわかった。やりたかったのは、自分の采配で実験して、物を組み合わせたり重ねたりしたらどう見えるか、ということだったの。アートスクールでグラフィックデザインを学んだあと、ひとり暮らしを始めてからは、部屋の小物の演出に凝るようになった。で、こういう仕事で食べていけたらいいなと思うようになったの。もしも私にコーディネイトについて事前知識があったら、この何年間にもわたる実験のステップは踏めなかったと思う。下地ができる前に知識を詰めこまなくて、本当によかったわ。
仕事場のお気に入りポイントは？
自宅で仕事をするのが好き。家にひとりでいると、すごく落ち着く。専用の仕事スペースはないから、ダイニングテーブルで。いつも紙の束を持って移動して、

仕事が終わったらメモは全部捨てる！このやり方がベスト。食事のたびに片づけなくてすむ机があったら、たぶん物が捨てられない。領収書なんかはジャバラ式のフォルダーに入れてるけど、それ以外はペーパーレス、モバイルで管理してる。もうひとつの仕事場は「街全体」。どんなにめずらしいものでも、どこで手に入るかわかってる。20年近くニューヨークの特別な場所を発見してきたから。仕事でいちばん楽しいのは発見。友人たちは何かを調達するのに困ったら、必ず私に頼るの。ヘンなものほど燃えるわね。

あなたにとって成功とは？
空間コーディネーターとして一流であること。クライアントから再依頼されて、私以外はありえないと、スケジュールも合わせてもらえるときは本当にうれしい。

自分でビジネスを始めて得た最大の教訓は？
・信頼は築き上げるもの。
・努力の意味は人によって違う。
・創造性とコンセプトは主観的なもの。
・契約は絶対に守るべき。契約が制約になることもあるけれど。
・お金を追いかけるのは最悪。

ミスから学んで成功につながったことはある？
想定外のことが起きて痛い目に遭うたびに、契約書に新しい条項を加えているわ。

自分の性格でいちばん自慢できるところは？
私は嘘やごまかしができない。裏表なく、善意で動くときに、いちばん本領を発揮できる。

自信をなくしたり逆境に陥ったときの立ち直り法は？

好きなだけ
チョコレートを食べて、
嵐が過ぎ去るのを待つ。

今の仕事を知ったのはいつ？　なぜ惹かれた？
美術の学士号を取得してアートスクールを卒業したあとの3年間は、空間コーディネーターなんて職業、まったく知らなかったの（大学2年でスクール・オブ・ビジュアル・アーツの美術コースに編入するまで、グラフィックデザインについても知らなかった）。社会に出てまずグラフィックデザイナーとして働きはじめ、仕事に迷いが出たときに、雑誌『マーサ・スチュアート・リビング』の編集者の講演会に参加した。その晩にコーディネイトとは何かを知って、居場所を見い出した気持ちになった。ふわふわした足取りで家に帰ったわ。頭の中でいろんな思いが超高速で駆け巡ってた。翌日、講演会に出ていたスタイル・ディレクターに連絡を取ったら、私を雇ってくれた。雇ってくれるって確信してた。もうほかの選択肢はなかった。マーサ・スチュアートで働いた6年間は、コーディネイトの特訓の場としても、趣味のよさを身に着けるマナースクールとしても最高だった。すべてにおいて最も上質なもの、最も才能ある人々の中に身を置いていたから。

世の中にもっとあってほしいものは？減ってほしいものは？
美とやさしさとユーモアと理解をもっと。決めつけや二流のものは減ってほしい。

あなたのモットーは？
やりたくないことには、丁重に礼儀正しく「ノー」を。やりたいことは、はっきりわかる熱意で「イエス」と言おう。

「どんなことにも
解決の道はある」

リュバヴ・
チョイ・デュエア

アーティスト、イラストレーター
(ニューヨーク州ブルックリン)

子どものころの夢は？
モダンダンサー。80年代のTV番組でやっていた『フェーム』のようなダンススクールに行くことを夢見ていたわ。

**クリエイティブの世界にいる女性の
どんなところに憧れる？**
作品制作だけでなく、経営でも創造性を発揮できる女性たちには敬服する。両立させるのはとても難しいけど、小さな会社をひとりで経営していたら必須よね。

キャリアや仕事のために払った最大の犠牲は？
子育てに専念するために仕事を辞め、自分のテキスタイルコレクションをつくるという夢を無期限で保留したこと。

ミスから学んで成功につながったことはある？
友人から頼まれたのをきっかけに、結婚指輪のリングピローのカスタムオーダービジネスを始めたの。注文がたくさん来て、最初はよかったけれど、やがて手に負担がかかるようになってきた。手を動かさなければできない仕事なのに。そのうち制作のスピードが追いつかなくなって、クライアントとのメールのやりとりに消耗しだした。すぐに発送できる在庫品がなくて注文を逃すこともあったわ。いろいろなことを文書化してガイドラインをつくっておく大切さは、このときの経験で学んだの。それに、このときの苦労

から、ステーショナリーに絵を入れるという、もっと生産性の高いビジネスにもたどりついた。これなら卸売りができて、注文品の発送がもっと速くできるから。

夜眠れなくなるような不安や悩みはある？
ある日目が覚めたら手の痛みで描けなくなっているのではないか、さらには手が動かなくなっているのではないかという不安があるの。2014年に乾癬性関節炎と診断され、それからは苛酷な試練だった――痛みとの付き合い方を覚えるのがとくに。関節が破壊されてしまう可能性もある病気なのよ。

**自信をなくしたり逆境に陥ったときの
立ち直り法は？**
祈ることと、夫や母に話すことが大きな慰めになる。ふたりの意見や考えを聞いているうちに、心がだんだん鎮まってくるの。

**世の中にもっとあってほしいものは？
減ってほしいものは？**
もっと思いやりがあってほしい。憎しみは減ってほしい。

10～20年前の自分に教えてあげたいことは？
どんなことにも解決の道はある。

憧れの、あるいは尊敬する女性は誰？
強く憧れるのはフリーダ・カーロ。若いときの交通事故にもかかわらず、絵で自己表現するのをやめなかった。強い意志と勇気と情熱を持っていた女性だわ。

「私は仕事相手には必ず
利益を正当に配分し、
仕事仲間としても
友人としても
やさしく接する」

メアリー・ランバート

ミュージシャン
(マサチューセッツ州アマースト)

子どものころの夢は？
子どもにありがちだけど、私も理想の職業がくるくる変わった。3歳のときは「宇宙」って答えてた。「ドクター！」のときもあった。母に何のお医者さん？って聞かれて、考えたあげく「ドクター・スース」（アメリカの絵本作家、漫画家）と言ったりしてね。7歳か8歳のときようやく、歌って踊れるウェイトレスに落ち着いたの。

駆け出しのころ役立ったアドバイスは？
私は観察して情報収集する。駆け出しのころはとくに、スポンジみたいに吸収した。尊敬するアーティストを見て、彼らがどうやってそこまでになったかを探ったの。わかったのは、彼らがけっして偉ぶらないこと。エージェントがつく前は、自分でライブやツアーのブッキングをして、夢を支えるためにバイトもしてた。CDの梱包も、機材の運搬も自分でやって、録音のやり方を勉強してた。いちばんすごいのは、自分よりも先にバンドに報酬を支払っていたこと。そうやってビジネスの要所すべてに直接関わっていたの。そういうアーティストたちはみんな、成功

してあたりまえ、お金をもらってあたり
まえと思ってなかった。

仕事場のお気に入りポイントは？
自宅が仕事場だから、パートナーと愛猫
のそばにいられるし、休憩のとき庭を手
入れしたり軽食をつくったりできる。そ
れでバランスがとれるの。作曲中に猫が
ソファに上がってきてピアノを聴いてた
り。あの子が寄ってきてゴロゴロ言いは
じめたら、この曲いいんだなってわかる！

ミスから学んで成功につながったことはある？
駆け出しのころ、コラボした楽曲が大ヒ
ットしたのに、よくわからないまま、印税
を放棄する契約にサインしてしまったの。
いまだに後悔してる。ただ、自分は絶対
そういうことをしちゃいけないとわかっ
たから、その意味では感謝してるわ。私
は仕事相手には必ず利益を正当に配分し、
仕事仲間としても友人としてもやさしく
接する。コラボをどう自分の利益にする
かも考えだして、やりとげた。損をした
ぶん、ちゃんと取り返したわ。

**自信をなくしたり逆境に陥ったときの
立ち直り法は？**
アーティストやビジネスパーソンとして
成長するためには「快適ゾーンから出ろ」
とよく言われるけど、他人から違和感の
あることをしろと言われて従うのはよく
ない。大切なのは、率直に自己主張する
こと。「あなたの○○という考えもいいで
すが、私は△△のようにしたい。将来いつ
か○○をやりたいと思うときがくるかも
しれませんが、今はそうではありません。
私の意思と決断を尊重してもらえないで
しょうか」と。「快適ゾーンから出なさい。
でも泣くことが増え、自分や自分の仕事
に納得がいかなくなったら、自分がやり
たいこと、幸せになれることに戻るべき」

っていう言い回しがあればいいのにね。

仕事で経験した最大の成功や誇りは？
グラミー賞授賞式でマドンナとマックル
モア＆ライアン・ルイスと共演したとき
のことは忘れられない。現実とは思えな
かったわ。私の歌「セイム・ラブ」が最優
秀作品にノミネートされたと知ったとき
は茫然とした。ステージ上でクイーン・
ラティファが30組のカップルの結婚式を
司るなかを、マドンナと一緒に何百万人
もの人に向けて歌うと聞かされたときに
は、もう泣き崩れた。伝説のパフォーマ
ーと同じステージに立てるのは、アーテ
ィストとして大チャンスなだけでなく、レ
ズビアンである私個人にとっても最高の
出来事だった。頼りになるお手本がほと
んどいないなか、カミングアウトするの
が不安だった17歳の私を思い出したわ。
当時テレビであんな場面を見ていたら、ど
れほど勇気づけられたか。2014年に、ど
こかで同じような子が私のパフォーマン
スを見て、少しは楽になってくれてたら
うれしい。それまでの数年間、同性婚の
権利獲得の闘いにどう貢献したらいいか
わからずにいたけど、あの日、私はレズ
ビアンとして誇りをもってステージに立
ち、異性でも同性でも変わらぬ愛の歌を
歌うことができた。そして世の中に受け
入れられた。あの日は一生忘れないわ。

**長い1日の仕事を終え、
家に帰ってから楽しみにしていることは？**
パートナーのミシェルと、夕暮れどきに
徒歩か自転車で出かけるの。ふたりとも
アーティストだから、仕事が終わったと
いう区切りをつけるために。一緒に長い
散歩やサイクリングをしながら、その日
の出来事を報告し合い、一緒に夕食をつ
くる。そのひとときが、毎日の楽しみ。

インスピレーションが必要なときや、スランプから脱出したいときの特効薬は？

ライブかスポークンワードに
行くのが好き。
とくに壁にぶつかったとき。
情熱って
まちがいなく
伝染するものよね。

［訳注：スポークンワードとは、詩や小説などを芸術的に朗読するパフォーマンスのこと］

> 「ママになってからは、
> 娘たちのお手本でありたい
> という気持ちが
> 最大のモチベーション。
> 本当に好きなことをしている
> 母親の姿を見せたいの」

ジョイ・チョウ

デザイナー、ブロガー
(カリフォルニア州ロサンゼルス)

子どものころの夢は?
チアリーダー、植物学者、遺伝学者、ジャーナリスト、スタントウーマン。

駆け出しのころ役立ったアドバイスは?
「あなたにできないなんて、そんなこと誰が言った?」

仕事場のお気に入りポイントは?
自分の好きなようにデザインされているところ。自宅と違って、夫の好みや子どもの安全性など実用面に配慮しなくてすんだから。私だけのカラフルなワンダーランドよ。

ミスから学んで成功につながったことはある?
物事が思うように運ばず金銭的に大変だった時期に、生活費が足りないというプレッシャーから不本意な仕事も請けた。もちろん駆け出しのころは、どんな仕事でも経験を積むことに意味がある。でも、まったく自分に適性のない仕事を引き受けてしまったら悲劇よ。テーマにも関心が持てないのに、ただお金のために請けてしまったらダメ。関心のなさは仕事の中身にも表れる。私は結局プロジェクトからはずされた。その経験から、お金を稼ぐためだけに何でも引き受けてはいけないと学んだの。

自分らしく好きなことをしようと奮い立たせてくれるものは?
ママになってからは、娘たちのお手本でありたいという気持ちが最大のモチベーション。ゼロから何かをつくりだし、やりたいことを仕事に変えて、本当に好きなことをしている母親の姿を見せたいの。娘たちに、将来のキャリアはやりたいことの中からつくりだせる(そして働くことは楽しい!)と思ってほしいから。

世の中にもっとあってほしいものは?
ポジティブな気持ちと励ましをもっと贈り合えたらいいな……。知っている人、愛している人にだけでなく、知らない人に対しても。知らない人から仕事をほめられたら、とてもうれしいでしょう?

自分の性格でいちばん自慢できるところは?
私は自分から手を挙げる。仕事でやりたいと思ったことの95パーセントは、自分から動いた。何もしないで、いい話が転がりこんでくるのを待ってちゃダメ。人生の舵取り役は自分。ほしいものは追いかけなきゃ。

「私は成功を、
お金や名声に向かって
一直線に上昇すること
だとは思わない。
むしろ円を描くように、
最初に目指したところに
立ち戻らせてくれるもの
じゃない？」

ベサニー・イエローテイル

ファッションデザイナー
(カリフォルニア州ロサンゼルス)

子どものころの夢は？

バスケットボールの選手になりたかった。故郷の居留地（リザベーション）では、バスケットボールは神様なの。当時は、成功するには現実的にそれしかない気がしてた。自分にデザインの才能があると気づいたのは、高校時代。家庭科の先生が、私の創造性豊かな部分に目を留めてくださったときね。

**クリエイティブの世界にいる女性の
どんなところに憧れる？**

果敢さ。自分のアイデアや創作物を公にさらすのは、ときとして怖い。だから気後れしない彼女たちに憧れるし、自分もそのひとりになるよう努力してきた。

**人生や仕事で成功するとは
どういうことだと思う？**

自分の夢と目標が実を結ぶこと。私は成功を、お金や名声に向かって一直線に上昇することだとは思わない。むしろ円を描くように、最初に目指したところに立

ち戻らせてくれるものじゃない？

**1億ドルもらったら、ビジネスのやり方を
変える？　だとしたらどんなふうに？**

故郷のクロウ族自治領（ネーション）に製造工場を建てて、部族の人を雇用したい。居留地に新たな経済と、文化や伝統工芸の復興をもたらしたいの。私のビジネスも、究極はそこをめざしている。

キャリアや仕事のために払った最大の犠牲は？

思うように家族やコミュニティのそばにいられないこと。私は部族の人間だから、土地を離れてしきたりに参加できないのはつらい。ときどき、深い孤独を感じる。

夜眠れなくなるような不安や悩みはある？

また誰かの下で働かなければならなくなるかも、という不安はときどきあるわね。

**自信をなくしたり逆境に陥ったときの
立ち直り法は？**

祈る。ストレスを感じたら本能的に家に電話するけれど、必ず「祈りなさい」と言われるの。私にはふたつの別名がある。クロウ族としては「信じて困難を乗り越える」という意味の、ノーザン・シャイアン族としては「太陽の道の女」という意味の名前が。このふたつを思い出して、私にこれを名づけてくれた人々を想う——それが、もうひとつの元気の源。

**自分らしく好きなことをしようと
奮い立たせてくれる座右の銘は？**

「ふと気づくと、すべての祖先たちが後ろにいた。『心を鎮（しず）め、しっかりと見て、耳を傾けなさい。おまえは何千人もの愛の結晶なのだよ』と彼らは言う」

10〜20年前の自分に教えてあげたいことは？

17歳のときの自分へ。「出自は関係ない。あなただって夢を見ていい。ほかの人たちと同じチャンスがある。あなたにもできるのよ」

「絆の感覚は、私の一部。
そのことに感謝してるわ。

リン・
アレン

フォトグラファー、アーティスト、
作家
(ジョージア州アセンズ)

子どものころの夢は?
小さいときに、何かに夢中になった記憶
がないの。大きくなったら何になりたい
かと聞かれて困った覚えがあるわ。ひと
つに決められなかったから。

**クリエイティブの世界にいる女性の
どんなところに憧れる?**
自分が信じるものを追いかける人は誰で
もすごいと思うけど、クリエイティブの
世界では、人一倍の好奇心と粘り強さが
必要。さらに女性ならではの問題(子育
てやワークライフバランスなど)を考え
れば、クリエイティブな世界で生きて、
母親でもある女性は本当に敬服する。

仕事場のお気に入りポイントは?
自宅のすぐ隣にあるところ。あいだにあ
る庭を通って、日に何度も往復してるわ。

自分の性格でいちばん自慢できるところは?
私はジョージア州アセンズに深い地縁が
あるの。強いつながりを感じるここでの
暮らしを愛している。家族以外にも、豊
かな創造性で私を触発し、惜しみなく手
をさしのべてくれる人たちがたくさんい
る。この絆の感覚は、私の一部。そのこと
に感謝してるわ。

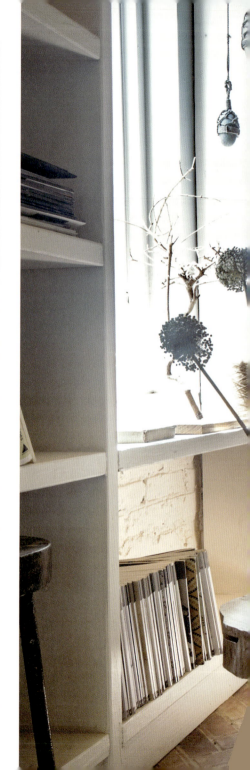

これがなくてはやっていけない
道具やモノや儀式はある?
自然の光。

1日のよいスタートを切るために
朝いちばんにすることは?
私の1日の始まりは、子どもたち次第。だから、よいスタートが切れないときもある。でもそれに付き合うしかないと腹をくくったの。1日のどこかで、おさまるべきところにおさまるし。おさまらなくても明日があるわ。

10〜20年前の自分に教えてあげたいことは?
「踏んばりなさい。
年齢とともに経験が重なり、
経験とともに
自分の直感に
自信がついてくるから」

「私の成功は、
他人が期待したり
決めたりする成功とは
ほとんど関係ありません」

シーラ・
ブリッジズ

インテリアデザイナー
(ニューヨーク州ニューヨーク)

子どものころの夢は？
獣医。動物にはいつも引きつけられたし、大好きだったから。

あなたにとって成功とは？
私生活でも仕事でも、自分がめざしたことを達成するのが私にとっての成功よ。私の成功は、他人が期待したり決めたりする成功とはほとんど関係ありません。

仕事場のお気に入りポイントは？
自宅なので、通勤しなくていいことと、ときどきパジャマ姿で仕事できるところ。

1日のよいスタートを切るために、朝いちばんにすることは？
2匹の愛犬を連れて、セントラルパークを散歩する。

ミスから学んで成功につながったことはある？
年とともに、直感を信じるべきだとわかってきたの。これまでの人間関係（プライベートでも仕事でも）の失敗の多くは、おかしいと感じるサインに目をつぶってしまったために起きている。女性としての自分の直感を恐れてはいけないわね。

自分の性格でいちばん自慢できるところは？
独創的なやり方で問題解決できる能力。

ビジネスのアイデアや自分がやりたいことに気づいたのは、いつ、どこで？
マンハッタンの建築事務所で働いていたある日、自分でも同じことができるのではないかと気がついたの。

インスピレーションが必要なときや、スランプから脱出したいときの特効薬は？
インスピレーションを得たり、視界をクリアにしたりするには、旅行がいちばん。

「あなたに何ができるか、
あなた以上に
よく知っている人はいない。
自分を信じて。
自分のアイデアを
信じるのよ」

ティナ・ロス・アイゼンバーグ

グラフィックデザイナー、実業家
(ニューヨーク州ブルックリン)

子どものころの夢は？

しばらくは、祖父が創業し、母が経営していた高級服店を継ぐのだろうと思ってたけど、継がなくてよかった。ファッション業界は絶対にフィットしなかったと思うもの（シャレじゃないけど）。

駆け出しのころ役立ったアドバイスは？

「あなたに何ができるか、あなた以上によく知っている人はいない。自分を信じて。自分のアイデアを信じるのよ」。そして今は私が、若い人たちにアドバイスを求められるたびに言うの。あなたが心の奥深くで、「実現できる」「人を振り向かせられる」と信じているならやりなさい。あなたがいちばんわかっているんだからって。

仕事場のお気に入りは何？

紙吹雪が入っている引き出しと、帽子やフェザーボアやおふざけグッズが詰まったおもちゃ箱。難しいメールに返信するのに、バイキングの兜でもかぶらなきゃやってられないことってない？ 楽しんでいるときにいちばんいい仕事ができる

と思うの。

夜眠れなくなるような不安や悩みはある？

メールの返信が追いつかないこと。最大の罪悪感のもとよ。

自分で経営して得た最大の教訓は？

会社は生き物。私がリーダーとして心で導き、メンバーが「自分は評価され、意見を聞いてもらっている」と感じていれば、どんな課題にも適応できる。

**自分らしく好きなことをしようと
奮い立たせてくれる座右の銘は？**

マヤ・アンジェロウの「成功とは自分を好きであること、自分のしていることが好きであること、それをするやり方が好きであること」。

今の仕事を知ったのはいつ？ なぜ惹かれた？

7歳くらいのとき、南フランスでの休暇中に、叔父が文字を描いているのを見て「何してるの？」と聞いたら「お仕事だよ！」って。びっくりしたわ。私にはいたずら書きして遊んでいるようにしか見えなかったから。それで「お仕事って、お金を稼いでるってこと？」と聞いたら、叔父はひと言「そうさ！」。そのとき頭の中で電球がパッと灯った。「文字を描いてお金が稼げるのね！」。子どもにいろいろな世界を見せるのは、とっても大切ね。

仕事で経験した最大の成功や誇りは？

クリエイター向けの無料イベント「クリエイティブ・モーニングス」を主宰したこと。この単純なアイデアが世界中で共感を得て、今では千人以上のボランティアがいる国際組織になり、毎月イベントを開催している。すべて無料。しかも毎月3～5つのペースで支部が増えている。私のスタジオで始まったものが、世界規模の善意の活動になったなんて。このイベントは私に「人は、信じれば驚くほど

の力を発揮してくれる」ということを教えてくれた。信頼は魔法を育むのよ。

ビジネスを始める前に考えておくべきことトップ3は？
言えるのはひとつだけ。「そのアイデアにわくわくしすぎて夜も眠れないくらいでなければ、ビジネスを始めてはいけない」。待ち受けているハードルをクリアするには、自分の中にそれくらいの炎が必要。

今の自分から見て、駆け出しのときこうすればよかったと思うことは？
もっと早く始めればよかった。このスタジオを立ち上げたのは、娘が生まれた日。娘がキャリアの転機になってくれたの。それまではまだ早いと思ってた。天使が舞い降りてきて、「始めるのは今よ」と言ってくれるのを待っていたのね。でもそんなのありえない。本気で始めたい、実現する自由が自分にはある、とわかったときがそのとき。少しずつでいいから行動を起こす。待ってちゃダメ。いろいろやってみるのに20代は理想の時期ね。

自分の性格でいちばん自慢できるところは？
アイデアを種火に情熱の火を熾(おこ)して、それを周囲にも広げていけるところ。私がスーパーヒーローなら、さしずめ「キャプテン・エンスージアズム（情熱）」ね。

あなたのモットーは？
「不満があるなら、いちばんいい方法は、ないものをつくってしまうことだ」。ジェームズ・マーフィー［ミュージシャン、音楽プロデューサー］の言葉よ。

長い1日の仕事を終え、家に帰ってから楽しみにしていることは？
子どもたちのハグ。

287

「成功とは、
積極的にプロジェクトを
生み出せること。
向こうからやってくるのを
受け身で待つのではなく」

アユミ・ホリエ

陶芸家
(メイン州ポートランド)

子どものころの夢は？
考古学者。土にさわりながら新しいものを発見していくところに惹かれたの。結局いま、陶芸家として同じようなことをしているけれど。

夜眠れなくなるような不安や悩みはある？
このまま続けていけるのかというのが悩み。年齢に合わせてビジネスモデルをどう変化させていったらいいか。この仕事は肉体的にきついけれど、体をすこやかに維持して、大事な作業を他人任せにせず、つくり手としてずっとやっていきたい。どの作品も、10以上もの創造的な決断を経て生まれているのが私の仕事の強みよ。手づくりの魅力と個性を保ちながら、いかにより多くの人に手にとってもらえるかが課題ね。

仕事場のお気に入りポイントは？
工房で気に入っているのは、天井が高くて広々したスペースの隅っこに座れるところ。大きな作業台、外に積もる雪、その週のスケジュール、すべて見渡しつつもこぢんまりした居心地のよさがあるのよ。

あなたにとって成功とは？

成功とは、積極的にプロジェクトを生み出せること。向こうからやってくるのを受け身で待つのではなく。収入源となっている陶芸の仕事は、収入にはならないけれど作家として意味のあるほかのプロジェクトに支えられている面もあるわね。

自分でビジネス始めて得た最大の教訓は？

何度も学んできたのは、品質で妥協してはいけないということ。完璧にするために必要な小さなディテールすべてに心を配ると、倍の時間がかかるかもしれない。でも、その手間をかける価値はある。

仕事で経験した最大の成功や誇りは？

東日本大震災と津波の被災者支援のために共同で立ち上げ、10万ドル以上集めたイベント「ハンドメイド・フォー・ジャパン」。私のようなビジネスって、公私の境界線があまりないの。企業はもっと、コミュニティを潤すようなプロジェクトをやるべきだと思うわ。たとえ従来型のビジネスモデルではコストが高くつくとしても。「ハンドメイド・フォー・ジャパン」の立ち上げについては、やらないという選択肢はなかった。全身で、これはやるべきことだと感じていたから。

これがなくてはやっていけない道具やモノや儀式はある？

iPhone。瞑想とかコールドプレスの青汁とか、健康的なものを答えられればいいんだけど、そういうものには肩をすくめるだけ（いつか後悔するだろうけど！）。私のスマホは道具でありモノであり儀式。工房にいないときでも、仕事は常にしていて、主にインスタグラムで調査したり作品を見たりしているのよ。@potsinaction［訳注：ホリエが始めたインスタグラム上のプロジェクト。世界中の陶芸家の活動を紹介］とソーシャルメディアでやっている仕事は、いまや器と同じくらい自分の一部になっているわ。

1日のよいスタートを切るために、朝いちばんにすることは？

コーヒーカップ選び。陶芸家や、陶芸を趣味にしている友人たちがつくったカップが数え切れないほどあるの。そのなかから毎朝、直感で選ぶ。それで、その日の自分がわかる。どのカップを使うかの判断には、自分が思い出したい友人の作家、美意識、ボリュームや形や素材といった実用的な要素が混ざっているから。モノを通じて友情や人とのつながりを思い出すのは、素敵な1日の始め方だと思うわ。

自信をなくしたり逆境に陥ったときの立ち直り法は？

冷静でやさしい友人たちに
話を聞いてもらって、
そのあと少し寝たら、
仕事に戻る。
仕事に打ちこんでいると、
自分の芯にある価値観や、
本当に好きなものを
思い出せるから。

「私、本当に嘘が苦手なの。
何かを発言するときは
いつも本心。
大人になって、
率直にズバズバものが
言えるようになったのは
楽しいわね」

メリッサ・ハリス=ペリー

大学教授、ジャーナリスト
(ノースカロライナ州ウィンストン・セーラム)

子どものころの夢は？
一時期は考古学者。けど、考古学がどれほど地道で忍耐力のいるプロセスかわかって、自分には向かないなと。けっこうせっかちだから。高校時代は児童精神科医になって子どもを助けたいと考えていたけど、大学の途中で先生になりたいんだとわかってきた。教授になる道が見えてからは、もう迷わなかった。

駆け出しのころ役立ったアドバイスは？
いちばんのアドバイスは、じつは妊娠についての言葉。「1日は長くなるけど、数年はあっという間よ」

仕事場のお気に入りポイントは？
ここは、長年待ってようやく出会った夢の家、終の棲家よ。初めて足を踏み入れた瞬間、「これぞわが家だ！」ってわかっ

たわ。フロントポーチから入ってくる光がすばらしい。でも、いちばん気に入っているのは、仕事部屋がファミリールームと接していて、夫の部屋の向かいにあること——家族の様子が手に取るようにわかるし、同時にみんなと話ができるのよ。

夜眠れなくなるような不安や悩みはある？

思っていることを何でもオブラートに包まずに言っちゃう性格が、家族やチームのみんなに迷惑をかけるんじゃないかという不安はいつもあるわね。

ミスから学んで成功につながったことはある？

私の人生は、怪我の功名の連続。男の子を追っかけて大学に進学したの。ダメダメな理由でしょ。でも振り返ってみると、間違った動機で正しい決断をしていることがよくある。その大学（ウェイクフォレスト大学）を選んだのは、高校時代の彼氏が近くにあるノースカロライナ大学チャペルヒル校に行く予定だったからなんだけど、これが大正解。私にはすごく合った大学だったの。

自信をなくしたり逆境に陥ったときの立ち直り法は？

自力では立ち直れないわ。私を立ち直らせてくれるか、立ち直る私に寄り添ってくれるほかの人の助けが必要。つまり無条件で私を愛してくれる人たちを頼る。家族、夫、仕事のスタッフやチームのみんな。TV番組では何度か大変なことがあったけど、必ず私の味方になって「やりましょう」と言ってくれるプロデューサーがいた。そんな存在を感じると、力がわくし助けられる。

仕事で経験した最大の成功や誇りは？

２冊目の著書『Sister Citizen（アメリカの黒人女性）』はとても気に入ってる。講演会や授業で出会った人が読みこんだこの本を持っていたり、中の文章を引用してくれたりすると、著者冥利に尽きるわ。あの本にはとてつもなく長い時間をかけた。誇りに思う作品よ。

世の中にもっとあってほしいものは？減ってほしいものは？

もっと読む時間が必要ね。文章と向き合う余裕がもっとあればと思うわ。みんな日々のスケジュールに追われて、腰を落ち着けて本を読む時間がなかなか持てないでしょ。自分は何でも答えがわかっているという思いこみを少し控えて、そのぶんもっと好奇心を働かせてもいいはず。人生の学習曲線が少しでも上向いたら、すばらしいじゃない。

自分の性格でいちばん自慢できるところは？

もしかしたら、夜眠れなくなる不安の原因と同じかも。私、本当に嘘が苦手なの。何かを発言するときはいつも本心。大人になって、率直にズバズバものが言えるようになったのは楽しいわね。

１日があと３時間増えたら何をする？

執筆。書くわ。時間を渇望しているの。１日があと３時間増えたら、６カ月後には次の著書が完成する。これってオファー？追加の３時間を持ってきてくれたの？

あなたにとって成功とは？

自分が何かに貢献しつつ、
自分もまた何かをもらっている
と感じられるとき。
お互いが豊かになることが
成功だと思う。

「ゲームに参加しなければ、勝つことはできない」

クリスティーナ・ギル

国連世界食糧計画開発アドバイザー
フードエディター、フォトグラファー
(イタリア、ローマ)

子どものころの夢は?
正直覚えてないの。でもアメリカ大統領になりたかった時期は確かにある。

クリエイティブの世界にいる女性のどんなところに憧れる?
唯一無二の存在でありつづける力。

あなたにとって成功とは?
実は昔から、その質問の答えを出そうと考えてきたの。フォトグラファーとしては、人の心を動かし、誰かの記憶に残る映像をつくりだすのが成功でしょうね。フードエディターとしては、世の中にあるレシピを自分独自のレシピに変えていくことだと思う。開発アドバイザーとしては、適切なタイミングで適切な情報を入手し、救援物資を届けること。人生の成功という意味なら、自分の変化やさまざまな課題によって意味が変わってくる。最近でいえば、家族の生活を支えてケアできることが成功かな。

キャリアや仕事のために払った最大の犠牲は?
ふたつある——アメリカへの帰国と子どもを持つこと。帰国は諸刃の剣よ。仕事のチャンスはアメリカよりこちらのほうがたくさんある。でも定期的に家族に会えず、姪や甥の成長を見られないのは寂

しい。出産については、「この目標を達成したら休業できるはず」とずっと思いながらここまでできちゃった。

自信をなくしたり逆境に陥ったときの立ち直り法は?
数年前に気がついたんだけど、私は気分がどん底まで落ちこむと、フォトエディターや憧れの出版社の連絡先を調べて、持ちこみをしたり連絡をとったりするの。これまでにいい反応をもらった確率はなかなかのものよ。そうすることで、第三者の目を通して、自分の作品の価値を再確認するわけ。あと、ほかの人たちの作品集を見たり、Monocle(モノクル)[訳注：情報メディア]のポッドキャスト「アントレプレナー(起業家)」を聴いたりして、新しいプロジェクトを考える刺激にするわ。

自分らしく好きなことをしようと奮い立たせてくれる座右の銘は?
あたりまえかもしれないけど、「ゲームに参加しなければ、勝つことはできない」が原点よ。

自分の性格でいちばん自慢できるところは?
逆境に耐える力。

10〜20年前の自分に教えてあげたいことは?
3つあるわ。
1) 自分や自分の目標に投資するときはケチるな。あなた自身が投資する気がないものに、誰が投資してくれるというの?
2) 他人(親も含め)の意向で自分の選択を左右するな。
3) ミスでパニック状態に陥ったら、「5年後も重大な問題?」と自問しなさい(答えはたいがいノーよ)。

憧れの、あるいは尊敬する女性は誰?
惚れこんだ仕事や活動、社会的理想を追求するために、とてつもない障害を乗り越える女性はみんな尊敬するわ。

> 「創造するのは
> 私にとって自然なこと。
> でも、ビジネスには
> 勉強が必要だったわ」

ダイアナ・イェン

フードスタイリスト、作家
(ニューヨーク州ニューヨーク)

子どものころの夢は?

幼いころは建築家。ペットのハムスターのおうちの間取り図を描いては空想して、何時間でも過ごせたの。工作も昔から大好きだった。年齢が上がるにつれて社会性が出てきて、ほかの人と分かち合えるものをつくるのが楽しくなっていった。

駆け出しのころ役立ったアドバイスは?

ビジネスを始めた当初、「ニューヨークで成功したかったら、アーティストの思考だけではやっていけないよ」と忠告してくれた人がいた。ビジネスチャンスやクライアントのニーズに気がつく目を養わないと、って。創造するのは私にとって自然なこと。でも、ビジネスには勉強が必要だったわ。

仕事場のお気に入りポイントは?

住まいがブルックリンハイツにあって、毎日ロウワーイーストサイドにあるスタジオまでの通勤に刺激を受けてる。たえず変わりつづける街のエネルギーに力をもらうの。飼っているアンゴラウサギのクレオがいつも私のそば、机の下にいるところも気に入ってるわ。

夜眠れなくなるような不安や悩みはある?

小さなスタジオなので、スタッフ数の判断が難しい。人手が足りないとビジネスが成長しないけど、多すぎれば人件費が負担になってしまう。大規模なケータリングを手がけてスタッフをたくさん抱えていた時期もあるけれど、そのとき、他人をマネジメントするのは好きじゃないと気づいたわ。売上はよかったけど、私は創造のプロセスにじっくり取り組みたかった。それで人は使わず、自分のやりたい仕事だけをやることにしたの。今は、必要なときだけフリーランサーを雇うことにしている。

自分らしく好きなことをしようと奮い立たせてくれる座右の銘は?

「食物と安全と愛という人間の3つの基本的欲求は、あまりにも絡み合い混じり合っているので、ほか抜きでひとつだけを考えることはできない。だから飢えについて書くとき、私は実は愛と愛情に対する飢えについて、温もりと温もりへの愛、温もりへの渇望、(中略) そして飢えが満たされたときの温もりと豊かさとかけがえのない現実について書いている。(中略) すべてひとつのものなのだ」(M・F・K・フィッシャー [アメリカの美食作家])

今の自分から見て、駆け出しのときこうすればよかったと思うことは?

このビジネスを始めたのは20代後半で、これといった財政計画のないまま飛び込んでしまったの。楽しくて夢のあることに集中したいという一心で、ありったけの資金を注ぎこんだわ。でも30代の今、スタジオと自宅の2カ所に家賃を払っているので経費がとても負担。家賃ってブラックホールにお金を吸いこまれるようなものね。このビジネスを始める前、楽

な仕事に就いていたときにアパートメントを買っておけばよかった。早いうちに経済的に安定できれば、そのぶんビジネスの基盤もしっかりするから。

ビジネスのアイデアや自分がやりたいことに気づいたのは、いつ、どこで？

マーサ・スチュアートのクラフトショーで、友だちとクッキーを売っていたときに、エディターからテレビで実演してほしいと声がかかったの。大興奮したわ！ その人に、事業をやっているんですか？ と聞かれて、番組出たさに「はい」と嘘をついた。その後のわずか2週間で、ウェブサイトのデザインをして、事業ライセンスを取得して、ベーカリーとクッキー製造で提携した。私は季節の料理にこだわりがあって、ニューヨークの隠れた宝物を探している。だから事業名は「ジュエルズ・オブ・ニューヨーク」にした。

インスピレーションが必要なときや、スランプから脱出したいときの特効薬は？

食の伝統が
しっかり残っている場所に
旅して刺激をもらう。
アパートメントを借りて、
1日中、市場をめぐるのが
理想。
家に戻ったら、
珍しい食材をすべて使って
自由に料理するの。

| 「仕事のために
犠牲をしいられたことはない。
過去の犠牲は、
私が今していることを
していなかったときに
払ったもの」 |
|---|

ジェニー・ジウン・リー

陶芸家
(ニューヨーク州ブルックリン)

子どものころの夢は？
母と同じビジュアルアーティスト。
駆け出しのころ役立ったアドバイスは？
友人のアニタ・ビットンのところでキャスティングエージェント［訳注：ファッションショーに出演するモデルの手配をする人］として働いていたとき、アニタから「首尾一貫していること」が大切だと言われた。それを日々熟考している。
仕事場のお気に入りポイントは？
プライバシーと自然光。でもドアを開ければ、木や金属を素材にしている友人のアーティストたちに会いにいける。
自分でビジネスを始めて得た最大の教訓は？
常にすべてがわかっていなくても大丈夫、ということ。
キャリアや仕事のために払った最大の犠牲は？
仕事のために犠牲をしいられたことはない。過去の犠牲は、私が今していることをしていなかったときに払ったもの。
自信をなくしたり逆境に陥ったときの立ち直り法は？
ほかのアーティストの動画を見たり、イ

ンタビューを読んだりする。ほかのクリエイターの世界をのぞくと気が楽になる。自信を失うのは誰でも同じとわかるから。

自分らしく好きなことをしようと奮い立たせてくれる座右の銘は？
「私は万人向けではない」

今の仕事を知ったのはいつ？ なぜ惹かれた？
母が韓国で美術の先生をしていたので、幼いころから何かをつくったり、母の絵画や版画を通して、この世界を見て育ったの。

クリエイティブ系のビジネスを始める人に勧めたい備えは？
好きなものを選んで、あらゆる角度からそれを研究すること。映画を観たり本や雑誌を読んだり、ポッドキャストを聴いたり、研究旅行に出たり、同じ仕事をしている人に話を聞いたり……。

世の中にもっとあってほしいものは？ 減ってほしいものは？
もっと「温もりのある心地よい時間」(ヒュッゲ)を。人付き合いは減らしてもいい。

これがなくてはやっていけない道具やモノや儀式はある？
水。

あなたのモットーは？
ふつうになるには、
大変な努力が必要。

305

「常に何かを
つくり出していることを
誇りに思うわ」

カーソン・
エリス
アーティスト、イラストレーター
(オレゴン州テュアラティン)

子どものころの夢は？
アーティストか自然愛好家。

**クリエイティブの世界にいる女性の
どんなところに憧れる？**
面白い女性、変わり者の女性に憧れる。
自分のアートに知識のすべてを反映させ
ながら、一方ですべてを忘れ、奔放で人
智を超えた作品づくりができる、知性と
衝動を兼ね備えた女性に。男性もだけど。

仕事場のお気に入りポイントは？
とても明るいことと草原の真ん中にある
こと。夏に開け放てる両開きのドアと、
陰鬱な冬でも居心地よく過ごせる薪スト
ーブも気に入ってる。仕事場への行き帰
りに、わが家の広い菜園を通るところも。
空想とイラスト描きという内面世界だけ
じゃない、世話しなければならない外の
世界があるって思い出せるから。

自分の性格でいちばん自慢できるところは？
常に何かをつくり出していることを誇り
に思うわ。絵を描いたり、編み物や縫物
をしたり、庭仕事をしたり、工作したり。
誰かのためでなくても。

**世の中にもっとあってほしいものは？
減ってほしいものは？**
もっと飢えている子どもたちに食べ物を、

先生や司書にお金を、高等教育に助成金
を、有給の出産・育児休暇を、働く人たち
に暮らせるだけの賃金を、ニューロダイ
バーシティ〔訳注：自閉症など神経疾患とされ
てきた状態を、優劣ではなく脳の多様性としてと
らえる考え方〕への世の中の理解を、駄作じ
ゃないホラー映画を。警察による暴力行
為と自動小銃は減ってほしい。

10〜20年前の自分に教えてあげたいことは？
イラストレーターとしてもっと自主性を
持ちなさいと言うだろうな。自分の直感
を信じてって。面倒くさい相手だと思わ
れたくないからってデザインで妥協しち
ゃダメ。同時に、やたらと気難しくなっ
ちゃダメってことも教えてあげたい。当
時の私はよくそうなった。嫌なやつにな
らずに自分のビジョンを守りぬくことは
できるんだと教えてあげたいわ。

憧れの、あるいは尊敬する女性は誰？
児童書の編集者、アースラ・ノードスト
ローム。40〜70年代にかけて、子どもの
人格形成に寄与したすばらしい児童書の
ほとんどすべてを、彼女が手がけたのよ。
あの時代は児童文学の表現の革命期で、彼
女はその旗手だった。『かいじゅうたちの
いるところ』、『おやすみなさいおつきさ
ま』、『スパイになりたいハリエットのいじ
め解決法』、『シャーロットのおくりもの』、
『おおきな木』……どれも彼女のおかげ。
彼女は著者じゃないけど、こういう変わり
種の本は、影響力のある彼女が頑として
擁護しなければ世に出なかったはず。20
世紀半ばにアメリカで活躍した同性愛女
性だったの（1960年にハーパーズで女性
初のシニア・バイスプレジデントに就任
した）。快活で頭のいい人でね。モットー
は「悪い子のための良書を」だったのよ。

「忍耐って、
何かをきちんと精魂込めて
やるのにかかる時間を、
心穏やかに過ごせる
ということよ」

ジョナ・
トウイッグ

造本家
(ニューヨーク州ブルックリン)

子どものころの夢は？
建築家かエンジニア。格好いい素材を使ってユニークな建築物を設計したかった。どれだけ高度な数学が必要かがわかって夢破れたけど。

駆け出しのころ役立ったアドバイスは？
「常に自分のビジョンを信じて、リスクを恐れるな」と言われたこと。世の中に自分をさらけ出すと、無数の意見を浴びることにもなるけど、当初めざしたものからブレないことが大切。

仕事場のお気に入りは何？
自作の大きな材料棚。これのおかげで、うちにある素材と製作プロセスがお客様にひと目でわかるし、整理整頓にも役立ってるわ。毎朝ドアを開けて、すべてが私の思い描いたとおりに並んでいるのを見るたびにうれしくなる。プロジェクトの構成要素が目に見えていると、やる気もわくし。何かをつくっている自分がイメージできるからかしら。

自分でビジネス始めて得た最大の教訓は？
忍耐——何よりも私自身に対する。毎年のようにそれを学び直している気がするわ。

時間の割り振りを考えて、さまざまなプロジェクトに戦略的に取り組むことがとても大切。忍耐って、何かをきちんと精魂込めてやるのにかかる時間を、心穏やかに過ごせるということよ。

仕事で経験した最大の成功や誇りは？
最大の成功は自分が変わったこと。本来アーティストだと思っていた人間が、ビジネスオーナーを名乗れるようになるまでの道のりは決して楽じゃない。たゆまぬ勉強と、この肩書で世に出ていくだけの自信が必要だもの。自分がビジネスでも創造力を発揮できるとわかって、とてもやりがいを感じたわ。

**これがなくてはやっていけない
道具やモノや儀式はある？**
必須のツールがありすぎて、選ぶのに困っちゃう。でも、1日の終わりに仕事場を掃除して、道具を「ノーリング」（物を平行または直角に並べる整理法）すると、心が満たされる。次の朝も、気持ちよくスタートできるの。

憧れの、あるいは尊敬する女性は誰？
母は私を触発してくれる大きな存在。仕事熱心で、ビジネスの裏表に通じていて、意表を突くような問題解決をしてみせる手腕もある。それでいて穏やかさを失わず、兄と姉と私を励ましてくれる母には、いつも感嘆してる。いつか私もあんなふうになって、自分の家族のお手本になれたらと思うわ。

「いつだって、本の中に自分の強さを取り戻す力や自信を見い出してきた」

アシュレー・C・フォード

ライター
(ニューヨーク州ブルックリン)

子どものころの夢は？

俳優になる以外に考えられなかった。祖母が映画好きで、毎週土曜日に一緒に観ていたの。何を観るか、かわりばんこに選んでね。私は映画館の外に貼ってあるポスターで決めることが多かった。素敵な黒人女性はみんな、映画かテレビの中にいた。それが私にとっての成功の尺度だったの。自分はアンジェラ・バセットやオプラになれるかしら？　って。俳優になる夢は 17 歳まで持ちつづけたわ。でも今は、自分が本当になりたかったのは実はストーリーテラーだったとわかる。ストーリーテラーになる方法はたくさんあることも。ただ白状すると、いまだにステージへの憧れも捨てきれないのよ。

駆け出しのころ役立ったアドバイスは？

「たかが最初の一歩と思いなさい」。私、長いこと立ちすくんでいたの。どの方向に進むのも怖くて、人生の進路を決めかねてた。でも、必ずしも最初の一歩で一生が決まるわけじゃない、と教えてくれる人がいて。変える決断もチャンスもあるよって。おかげで、初めて怖がらずに新しいことを素直に試せるようになった。私が切実に求めていた自由を、保証してく

れる言葉だったわ。

仕事場のお気に入りポイントは？

私の仕事場には本があふれている。上も横も目の前も本だらけ。小さいころは、うちに余裕がなくて本が買えなかった。読めるのは図書館か学校から借りてきた本か、読書コンテストか読書プログラムの賞品としてもらった本だけ。今は欲しい本はたいてい買える。あちこちから献本していただけるし、パートナーが書店勤務だし。私にとって本は、夢に見た人生が実現した象徴なのよ。

キャリアや仕事のために払った最大の犠牲は？

うちの家族の切実な願いは、何よりも経済的な安定だった。わが家にとっての成功とは、お金が定期的に入ってきてそのお金で家計がすべてまかなえること。同じような家族はたくさんあるわよね。でもこの仕事を選んだとき、私は当面、安定を手に入れるのをあきらめた。子どもも家のローンもない今、自力で何かを築き上げるチャンスをみすみす逃しちゃいけない、と心に決めたの。今は頑張りどき。自分のためだから、できる。

あなたにとって成功とは？

私にとって成功とは、常に複数の選択肢があること。自分の意思で「持たない」「やらない」「行かない」と決めるのと、それができないのとではまったく違う。

夜眠れなくなるような不安や悩みはある？

いまだに助けを求めるのは下手。でも、誤解しないで。私、助けられてはきたのよ。人生の成功はほとんど、強引に私を助けてくれた人たちのおかげといってもいい。友人でメンターのロクサーヌ・ゲイ（85 ページ）なんてもう、助けてあげようかなんて聞きもしないもの。さりげなく助けてくれて、そのことで私にとやか

く言わせない。人には恵まれたわ。だから私もみんなによくしようと心がけてる。みんなが私によくしてくれるのを素直に受け入れるのは、全然悪いことじゃない。

自分でビジネスを始めて得た最大の教訓は？

すべて・記録を・とっておくこと。

ミスから学んで成功につながったことはある？

それまで書いたことがない、話したことすらほとんどない、とても個人的なあることについて執筆を頼まれて承諾したことがあるの。でも1週間、悪戦苦闘して、書けないとわかった。そして、編集者にそれを伝えず雲隠れしちゃった。フリーランスになって初めてもらった仕事だったから、嫌われるのが怖くて。まだ会ったこともない相手よ！ しばらくしてから彼女のメールに返信して、事実を打ち明けた。彼女はデリケートなテーマだからとわかってくれたけど、音信不通は困りますって。そのときに、できないことがあってもいい、でも編集者に状況を報告しないのはダメと肝に銘じたわ。

自信をなくしたり逆境に陥ったときの立ち直り法は？

読書をする。私はいつだって、本の中に自分の強さを取り戻す力や自信を見い出してきた。お気に入りの本を再読することもあれば、新たな愛読書を見つけることもある。いずれにしても、本はずっと私にとって揺るぎない基盤、踏みしめることのできる大地。そこに自分の歩むべき道が見つかれば、何だって乗り切れる。本に支えられ、守られ、理解されている気持ちになるの。救われたことは一度じゃない。本は何度でも救ってくれる。

自分らしく好きなことをしようと奮い立たせてくれる座右の銘は？

「話せない物語を内に秘めて耐えるほど大きな苦しみはない」（マヤ・アンジェロウ）

今の自分から見て、駆け出しのときこうすればよかったと思うことは？

お金を貯めておけばよかった。もっとたくさん。

世の中にもっとあってほしいものは？減ってほしいものは？

もっと共感が必要。何でも確実でなきゃイヤという依存症は減ってほしい。

自分の性格でいちばん自慢できるところは？

いつも昨日よりもよい人間になろうとしているところ。

インスピレーションが必要なときや、スランプから脱出したいときの特効薬は？

シャロン・クリーチの『めぐりめぐる月』（偕成社）を読み返す。小学生向けの本よ。サラマンカ・ツリー・ミドルという私の「知り合い」の中で最高に勇敢な子のお話。彼女は私のミューズ。私のいちばんいい部分は、すべて彼女から学んだの。

1日のよいスタートを切るために、朝いちばんにすることは？

ベーコンと果物を食べたら、その日は上々。

憧れの、あるいは尊敬する女性は誰？

マヤ・アンジェロウ、サリー・マン（写真家）、トニ・モリスン、グレース・ジョーンズ（歌手、モデル、女優）、ロクサーヌ・ゲイ、オプラ・ウィンフリー、アーサ・キット（歌手、女優）、ハリエット・タブマン、ションダ・ライムズ（脚本家、テレビプロデューサー）、エリザベス・ギルバート（作家）、これでもほんの一部。本当にたくさんの女性たちに触発されてるの。

あなたのモットーは？

今までにしでかした
最悪のことだけが
あなたではない。

> 「今なら飛びこんでしまえる。
> それで少し居心地の悪い
> 思いをすることは、
> ビジネス成長のプロセスの
> 一部だとわかるから」

ジェシカ・マルケス

アーティスト、クラフト作家
(ニューヨーク州ブルックリン)

子どものころの夢は？
ずっとアーティスト。スキーリフトの終点にいて、家族連れの記念写真を撮る人も考えた。いつもスキーをしていたくて。蛍光色のスキーウェアとダウンヒルに夢中だった10歳の私にとっては、それがアーティストの次に最高の職業だったの。

駆け出しのころ役立ったアドバイスは？
家族も友人も「始めたらいいじゃない」と言って応援してくれた。でも自信がなくて、なかなか素直に聞けなかった。あらかじめすべてに答えを出せなきゃダメだと思いこんでいて。答えは今でもまったく出せていないけど、今なら飛びこんでしまえる。それで少し居心地の悪い思いをすることは、ビジネス成長のプロセスの一部だとわかるから。

1日のよいスタートを切るために、朝いちばんにすることは？
私の目覚まし時計は毎朝「最高の1日にしよう」というセリフで起こしてくれるの。おかげで、1日の良し悪しは自分次第ってことを思い出せる。まだ寝ていたくても、起きようって気になる。

自分でビジネスを始めて得た最大の教訓は？

「積極的に打って出よ」。
自分が本を書いたり、
ネットで作品を公開したり、
店に手づくりの商品を
置いてもらったりするなんて
思いもしなかったけど、
流れをつくれば弾みがついた。
自分から行動して
チャンスをつくり出すのが
どんどん楽になっていったわ。

仕事場のお気に入りポイントは？

「乱雑で物でぎっしりのアトリエスペース」兼「セカンドベッドルーム」兼「人が来たとき物を隠す部屋」は、私にとって大好きで大嫌いな相棒。散らかってて汚いけど、私の空間。人の目を気にせず夜通しこもって、椅子の横や足元に寄り添う猫のそばで手を動かせるのは最高よ。

あなたにとって成功とは？

力を発揮できている状態！　憧れの人やお店や会社と仕事ができること。昔は自分に向いてなさそうなプロジェクトでも引き受けてたけど、今はだいぶ仕事を選ぶようになった。それでも安定して依頼が来ているってことは、成長の方向が間違ってないってことよね。

ミスから学んで成功につながったことはある？

数年前、父が亡くなったとき、「ミニチュア・ライノ」［訳注：ジェシカの作品販売サイト］をしばらくお休みした。喪失感と悲しみがあまりに大きくて、ひとりで仕事をするのが嫌になったから。でも今思うと、あれでよかった。当時は間違いだと思い詰めてたけど、仕事を休んだことでリフレッシュできたし、仕事の幅も広がった。復帰したときは、前以上の情熱とときめきを感じていたわ。

クリエイティブ系のビジネスを始める人に勧めたい備えは？

自分のカメラを熟知して使いこなせるようにすること。スマホのカメラでも。提供しているのがサービスであろうと商品であろうと、美しい写真はビジネスを成長させる味方になるから。私にとっても、それが強力なツールと備えになったわ。

ビジネスを始める前に考えておくべきことトップ3は？

ビジネスを始める前に、私の商品について問いただしてくれる人がいればよかった。「大量につくれる？　生産能力をアップできる？　この価格で利益は出る？」。答えは全部ノー。こういうことを考えることの大切さがわからないまま、いたずらに自分の仕事の価値を低く見積もりすぎていた。最初は手刺繍の作品をつくっていたんだけど、すごく時間がかかる。価格設定と働き方を変えていれば成功していたかもしれないけど、私の場合は自分の図案で刺繍キットをつくったり、人に教えたり、本を書いたりしたことが、もっといい結果につながった。

インスピレーションが必要なときや、スランプから脱出したいときの特効薬は？

本棚から何冊も本を持ち出してめくってみる。ほとんどは古い本と挿絵の入った児童書よ。児童書は私のお気に入り——挿絵やストーリーや色使いにいつもインスピレーションをもらえるし、ただ座って読んでいるだけでも、すごく楽しい。

憧れの、あるいは尊敬する女性は誰？

「アラバマ・チャニン」のナタリー・チャニン（330ページ）。彼女の著書や服、それにビジネスそのものにも触発される。すべて手縫いで、地元でつくられている刺繍ファッションなの。クリエイターとしてとても憧れるのは、ルイーズ・ブルジョワ。とっても大胆でオープンで、制作活動を最後までやめなかった人よ。

1日があと3時間増えたら何をする？

もっと外に出て
あてもなく
長い散歩をしたい。
それから読書。

「一夜にして成功するには、準備に10年かかる」

アニシュカ・クラーク

インテリアデザイナー
(ニューヨーク州ブルックリン)

子どものころの夢は？

最初に選んだ職業はバレリーナ。絶対になりたかった。10歳くらいで童話を書きたいと思ったのも覚えてる。実際に書いたわ。でも、それとは別にファッションデザインへの強い憧れもずっとあった。母がよく縫物をしていたのを見て惹かれたのね。ミシンの使い方を覚えて、手縫いもして、型紙から生地を裁ってお人形の服を縫った。バッグをつくって高校で売ったり。刺繍もしばらく習いにいった。この夢、いつ消えたのかしら。消えたのかな。将来の目標リストの下のほうには、今も「衣料ブランド」があるのよ。

駆け出しのころ役立ったアドバイスは？

「自分でビジネスを始める前に、異なるスタイルのデザイナー数人の下で働くといい」と勧めてくださった教授がいるの。いろいろなスタイルに対応できるようにって。ところが私は「イシュカ・デザインズ」の立ち上げに夢中で、そのアドバイスを聞き入れなかった。幸い、クライアントのテイストが多岐にわたっていたから、仕事には十分な幅が出せたけど。先生が修業で身につけさせようとしたことを、私は「クライアントに求められたものを何がなんでも実現してみせる」という姿勢で身につけていったのね。

ミスから学んで成功につながったことはある？

駆け出しのときに学んだ最初にして最大の教訓は、クライアントの期待をいかにマネジメントするか。最初の年に引き受けたプロジェクトで大失敗して以来、とても慎重になった。最初に必ずベストとワースト両方のケースのシナリオをしっかり伝えるようにしているわ。

自分らしく、好きなことをしようと奮い立たせてくれる座右の銘は？

「一夜にして成功するには、準備に10年かかる」

今の仕事を知ったのはいつ？　なぜ惹かれた？

最初のアパートメントを購入して1、2年後くらいかな。金融の仕事がちょっと嫌になっていたころ。私が選んだ内装と壁の処理を見て、友人から自宅の内装の相談をされるようになったの。ある日、友人の家の室内装飾をしている最中に、宝飾の仕事をしている友人から電話があった。アシスタントの女性が辞めてもっと高給の仕事に就くという愚痴よ。聞けば、その女性の夫が建築の勉強をするために学校に入り直すのだという。えっ？　ご主人が？　30歳で？　その瞬間、頭の中で鐘が鳴ったわ！　翌日ニューヨークにある学校をふたつ選んで、数日後には願書を出してた。こうして今の私があるの。

世の中にもっとあってほしいものは？減ってほしいものは？

メディアやニュースや人はもっとポジティブになってほしい。多様性ももっと必要。ハグも、人を支えるシステムも必要ね。減ってほしいのは、浅はかなリアリティ番組。ネガティブなニュースも。無知、画一的な考え方、決めつけも。

憧れの、あるいは尊敬する女性は誰？

オプラ。ニーナ・シモン（歌手）。私の母。

「子どものころは、鳥か、空飛ぶ馬か、野生の生き物になりたかった」

カーメン・アルゴーテ

アーティスト
(カリフォルニア州ロサンゼルス)

子どものころの夢は？
子どものころは、鳥か、空飛ぶ馬か、野生の生き物になりたかった。職業を聞かれているんだとわかってからは、科学の世界に行こうとばかり考えてた。アーティストになるなんて、思いもよらなかった。

仕事場のお気に入りポイントは？
自宅を仕事場にしているので、生活しながら仕事場となじんでいられるところ。

自分でビジネスを始めて得た最大の教訓は？
自分が何が得意か、何は人の助けが必要かを知ること。それと、自分の成功に貢献しようとしてくれる人たちの中に身を置くこと。このふたつはとても大切。もうひとつは、人から何かしてもらったら、お礼はそれに見合ったお金を支払うのがいちばん、ということ。

ミスから学んで成功につながったことはある？
ミスはたくさんしてきた。アート制作に関しては、長いあいだ自分の経験を過小評価していたわ。作品づくりのテーマを自分の経験ではなく、リサーチして探していたの。それが誤りだったと気づいてから、アーティストとして成長した。自分の持っているものすべてを源泉と見る

ようになってインスピレーションに困らなくなったし、嘘がないと思える声で自分を表現できるようになった。

仕事で経験した最大の成功や誇りは？
2010年にやった個展「720平方フィート──暮らしの変容」はとても誇りに思ってる。子ども時代に暮らした家のカーペットを使って、個人的な切り口で建築を語ったの。団体の支援を受けず、自分で企画書を書いて、予算を確保して、理想の会場に企画書を出してアプローチした。初めての経験だらけだった。この展覧会で、どうやって自分の道を切り拓いていくかをすごく勉強したわ。

**世の中にもっとあってほしいものは？
減ってほしいものは？**
人のつながりにもっと気づいてほしい。個々の人にとらわれるのでなく。

**インスピレーションが必要なときや、
スランプから脱出したいときの特効薬は？**
私の育ったロサンゼルスのピコユニオンあたりを歩き回る。当時のままそこにあるもの、変わってしまったものを見るの。街路に息づく人々の暮らしや、新しく考え出された物事のやり方なんかをね。

憧れの、あるいは尊敬する女性は誰？
母をはじめ、私を触発し、奮い立たせ、挑ませてくれたアーティストやキュレーターがたくさんいる。作家たちも私の恩人よ──なかでもトニ・モリスン。彼女の小説や著作は、とくに心を動かされてきた。彼女が書いたものは、ごく個人的なものなのに普遍性がある。モリスンの作品は、私のものの見方や知識を変えてくれる。心から尊敬するわ。

「不安で夜眠れないこと
なんてない。
夜通し祈ってるとか
踊ってることはあるけど。
不安のための体力なんて、
残ってないもん」

マティカ・
ウィルバー

フォトグラファー
(ワシントン州シアトル)

子どものころの夢は？
プロバスケットボール選手。当時は女子
バスケットボール協会はまだなかったけ
ど。フェミニズムという考え方を知る前
から、女だからできないなんてわけない
と本能的に思ってたんじゃないかな。で
もそれは高校に入るころにあきらめて（運
動神経のせいでね）、ビジュアルアートが
好きでスキルもあったから、そっちの人
生をめざすことにしたの。

駆け出しのころ役立ったアドバイスは？
16歳のとき、ロッキーマウンテン・スクー
ル・オブ・フォトグラフィーの夏季集
中プログラムに受かった。合格通知が来
たときはうれしくて震えたわ。ところが
受講に7000ドルかかるとわかったの。う
ちにそんなお金はない。母のナンシーは
遠洋漁業をはじめいくつかのビジネスを
成功させてる、肝の据わった女漁師。私
は母に、うちにいて家業の漁を手伝うよ
って言ったの。そしたら「マティカ、行け
ない理由を考えるのはやめなさい。実現
するにはどうしたらいいか、それだけを

考えよう」って。おかげでお金の工面が
できた。あれが「やりとげる」ってことを
覚えた初めての体験だったわ。ステップ
1は、どうしたらいいか考える。ステップ
2は、それを実現する、よ。

仕事場のお気に入りポイントは？
住居兼仕事場は、「ビッグガール」と名づ
けた2005年モデルのフォルクスワーゲ
ン・リアルタRV。これでアメリカ中走り
回って、連邦政府が承認している562以
上のネイティブアメリカン部族の写真を
撮ってるの。『プロジェクト562』という
写真と語りで構成したドキュメンタリー
よ（単なる写真と物語以上の作品に変容
したけど）。ちっちゃな動く仕事場の気に
入ってる点は、とてつもない燃費のよさ。
どこでもついてきてくれて、機材から服
からベッドから食料からトイレまで、一
切合切運んでくれるんだから！

キャリアや仕事のために払った最大の犠牲は？
「私たちは何だって手に入れられる」って、
どっかで読んだ覚えがある。キャリアの
成功、映画みたいな恋愛、ホームドラマ
みたいな家庭、見晴らしのいい素敵なア
パートメント……。私はまだ、どれも手
に入れていない。私の生活は冒険の連続。
毎日大好きなことができて、人とふれあ
って、写真を制作して、大事だと思う話
を集めて、おいしいものを食べて、ちょ
っと休憩して、ヨガをやって、ときどき
寝て、たまにドキドキするようなデート
をしてる。お金持ちにはなってないし、
パートナーも見つかってない。住まいは
高級アパートメントとはほど遠い「ビッ
グガール」だしね。自分の好きなことを
追いかけた代償は、「素敵な」生活。でも、
この人生をほかと取り替える気はないわ。
得たものがあまりにも多いから。

あなたにとって成功とは？

私はワシントン州のスウィノミッシュ族とテュアリップ族の出身。「潮の人々」と「鮭の人々」という意味よ。私たちのあいだでは昔から、ポトラッチを主宰するのがいちばん立派なこととされている。周辺のコミュニティから親戚や友人を招いて宴を張るの。みんなで歌ったり祈ったりして、赤ん坊は「部族名」を授かって、恋人たちは結婚して、死者には名誉が与えられる場。最後は、主宰者の家が全財産を参加者に贈るの。貴重なバスケット、貯蔵していた食物、カヌーなどをね。持っているものをすべて与えて無一文になる——それほど仲間を愛するって名誉なことなの。私もそんな成功をめざしたい。

夜眠れなくなるような不安や悩みはある？

不安で眠れないことなんてない。夜通し祈ってるとか踊ってることはあるけど。不安のための体力なんて、残ってないもん。

自分らしく好きなことをしようと奮い立たせてくれる座右の銘は？

「誰にも見られていない
かのように
生きてはいけない。
ご先祖様たちに
見守られているつもりで
生きなさい」

1億ドルもらったら、ビジネスのやり方を変える？　だとしたらどんなふうに？

変える。「スーパーピープル」を雇って。教育、メディア、音楽の世界を活動の場として、デキるプロや企業人の楽しいネットワークをつくる。ネイティブアメリカンでアートや知的才能に恵まれた人た

ち（たくさんいるのよ！）を盛り上げるコンソーシアム（団体）。それから、大事な闘いや課題に立ち向かっている同じネイティブアメリカンの、とくに女性や子どもを支援したい。

あなたのモットーは？

新しく出会ったどの人にも、昔からの友人と同じ愛をこめてあたたかく接する。

自信をなくしたり逆境に陥ったときの立ち直り法は？

祈る。

仕事で経験した最大の成功や誇りは？

最近、ある若いネイティブアメリカンの女性に会った。私のプレゼンとワークショップに参加するために、お父さんと一緒に何時間もかけて来てくれたの。ずっと依存症と自殺衝動と闘ってきたけど、私の作品を見て人生を変えようと思うようになったと打ち明けてくれた。こんな出会いがあると、自分のやっていることには価値があるんだって思えるわね。

ビジネスを始める前に考えておくべきことトップ3は？

1）意図は？　自分の心と矛盾はない？
2）そのビジネスに心底惚れこんでいる？（惚れこんでいるべき）、それとも単なる欲、とくに金銭欲でやろうとしている？
3）世の中の役に立つためにやろうとしている？　ビジネスって大変だよ。相当な強さと勇気が必要。だけど、自分がやりたいことで世の中に貢献できるとわかっていれば、実現に必要なものが自分の中に見つかるはず。

世の中にもっとあってほしいものは？減ってほしいものは？

もっと愛と寛容さと平和を。憎しみと権力は減ってほしい。

自分でビジネスを始めて得た最大の教訓は？

ビジネスって
果樹みたいなもの。
実がなるのは
何世代も先かもしれない。
それでも、私たちは樹を植える。
私たちが生み出したり
つくり出したりしたものを、
孫たちが味わえるように。

> 「人生と自分の理想像を
> 描くこと。
> そうすれば、
> それを中心にビジネスを
> デザインできるし、
> 達成できたときに
> それがわかるから」

ナタリー・チャニン

ファッションデザイナー
(アラバマ州フローレンス)

子どものころの夢は？
イルカや、陸と海の神秘的な生き物を専門とする、動物学者兼ジャーナリスト兼フォトグラファーを夢見ていたわ。

駆け出しのころ役立ったアドバイスは？
うちの顧問弁護士でもある親友が、創業当初に「いくらあれば十分かを決めなさい」と教えてくれたの。つまり、人生と自分の理想像を描けってこと。そうすれば、それを中心にビジネスをデザインできるし、達成できたときにそれがわかる。満足は、自分から望んでいることを自覚しているかどうかに大きく左右されるのよ。

仕事場のお気に入りポイントは？
私の仕事場はたえず変化しているのにどっしりと安定している感じがするの。模様替えはしょっちゅうよ。決まった仕事場を持つのは大事——でもプロジェクトやステージによって違う構成が必要になったら、バラバラに分解して動かすことも大事でしょ。

夜眠れなくなるような不安や悩みはある？
資金繰り、これに尽きるわ。ビジネスを始めたい人にはいつも、会計と経費節減と投資についてできるだけ勉強しておきなさいとアドバイスしてるわ。ビジネスには社員と家族の生活がかかっている。軽々しくは考えられない責任よ。そういう点では、若いときに起業するっていいわね。年を取ってお金に詳しくなると、なかなか踏みだせなくなるもの。

ミスから学んで成功につながったことはある？
最初の会社を畳んだときは、この世の終わりみたいな気持ちだった。でも実はそれが、ミスを生かしてもっと持続可能なモデルをつくれる（つくろうと努力する）、新しい会社の始まりだったの。新しい会社は、もともとめざした会社の姿にずっと近づいていたわ。

自信をなくしたり逆境に陥ったときの立ち直り法は？
私は家族やコミュニティを大きな拠りどころにしているの。だから「このままでいいのか」という気持ちが生じたら、仕事を離れて休む。家族と食卓を囲んだり、ガーデニングをしたり、夜しっかり眠れば、また何だって可能な気持ちに戻れる。そしたら、また会社に戻ってチームを頼るの——たいていは彼らが答えを知っているから。

「創作のプロセスで起こる
自信の喪失をさらけだして、
それでも前に進んで
やりとげてしまう
女性たちに憧れるわ」

アーティ・セクエイラ

シェフ、テレビ司会者
(カリフォルニア州ロサンゼルス)

子どものころの夢は？
スーパーヒーロー以外だったら、料理番組の司会者。でもそれ、全然覚えてなかったの。思い出したのは、大きくなって友だちと話していたとき。「ほら、小さいときって料理番組の司会者ごっこをするじゃない？」って言ったら、友だちが「アーティ、ふつうの人は料理番組の司会者ごっこなんてしないから」って。

クリエイティブの世界にいる女性のどんなところに憧れる？
昔は「怖いもの知らずで、恐怖心なんか蹴散らしてやってのけるような女性に憧れる」って公言してたけど、考えが変わった。そんな人いないと思うから。今は創作のプロセスで起こる自信の喪失をさらけだして、それでも前に進んでやりとげてしまう女性たちに憧れるわ。

あなたにとって成功とは？
私の中にはふたりの自分がいる。ひとりはひたすら上をめざす頑張り屋。私が生まれ育った文化でもとにかく頑張って上にいくのが成功とされていた。次の世代のために道を切り拓くという考え方ね。も

うひとりの自分は、自分がしたこと、言ったことが誰かの役に立ったら成功だと思っている。このあいだ、私のフェイスブックに4人のママからメッセージが届いたの。全員、料理対決の番組に出演した私を見てた。その番組で私は「ポストパータム・サポート・インターナショナル」（産後うつの女性を支援する団体）への寄付金を勝ち取るために闘ったの。団体のことを知った4人は、そこに電話したそうよ。彼女たちが必要としていた助けを得られた（そう願ってるわ）のは、私にとってもすごく大きなこと。4人とも子育てを楽しめるようになり、子どもたちが本来のママを取り戻せるとしたら、これほど大きな幸せはないわ。

仕事場のお気に入りポイントは？

私の場合はキッチンが仕事場よね——気に入っているのは、しょっちゅう人が集まるところ。娘や夫や友だちが来たりして、誰かとワイワイ話しながら料理ができる。孤独な作業にならずにすむのが大好き。モノで言えば、スパイス棚がお気に入り。夫のお手製で、黒板とスパイス棚が一体になってるの。黒板に自分を励ますための詩句や言葉を書きこむと、スパイスを取るたびに、それが目に入る。

ミスから学んで成功につながったことはある？

初めて料理番組「フード・ネットワーク・スター」の座を勝ち取ったときは、感謝しすぎて、私なんかでいいのかしらと感じてた。それがはからずも自分を苦しめてしまった気がする。番組が打ち切りになったときは「制作側から求められたことをすべてやってきたのに」と思った。不本意な形で終わってショックだったの。でも、（長いあいだ泣き暮らしたあと）振り返って、私は自分を曲げてまでテレビに出たいんじゃないとわかった。子どもを産んでから自分の中で何かが変わった。「もう嘘をつくのはよそう。こんなことに割く時間はない。仕事がなければ家に飛んで帰りたい」という心境になった。子どもや自分を優先するようになった。みんなのいいお手本になりたいと思うわ。

自信をなくしたり逆境に陥ったときの立ち直り法は？

信仰。信仰は私の人格の大きな一部だし、今できていることも信仰のおかげ。

自分らしく好きなことをしようと奮い立たせてくれる座右の銘は？

旧約聖書の箴言（しんげん）に「正しい人は獅子のように勇ましい」という言葉がある。「正しい」とは「正しく生きている」という意味。私も勇ましく生きようと奮い立つわ。一度きりの人生だもの。

あなたのモットーは？

私のウェブサイトには「食べて、笑って、その繰り返し」という言葉を掲げているけど、最近そこから卒業しつつある。今のモットーは「勇気とは恐怖を感じないことではなく、怖くてもやることだ」よ。

10〜20年前の自分に教えてあげたいことは？

17歳の自分ってことね……もっといろんなことに挑戦しなさいって言いたい。例えば大学時代、死刑制度廃止についての授業とか、今の自分なら絶対取りたかった授業があったのに取らなかった。すごく後悔してる。それから、他人からどう思われるか気にしすぎるのをやめなさい、とも言いたいな。簡単なことじゃないし、大人になる前に必ず通る道なんだと思うけど。50代の女性たちと話してると、皆さん「もう他人からどう思われようが知ったこっちゃないわよ」って言うのよ。50歳になったらそんな境地になれるのかな。

> 「まだありもしない問題を
> 解決しようとしては
> いけない」

クレア・
メイザー＆
エリカ・
セルーロ

実業家
(ニューヨーク州ニューヨーク)

子どものころの夢は？
クレア：万能のスターよ。アイススケーターでダンサーで歌手。両親は「ああ、いいじゃない。大学に行ってくれるなら何にだってなりなさい」って感じだった。3つどころかひとつでさえ実現は難しいなんて教えてくれなかったの。だから本気でできると信じてた。どれほど大それていても、なりたいものには何でもなれるって。26歳のときに「大丈夫、自分のビジネスを立ち上げるなんて楽勝。やろう」と思ったのも、それが大きいのよ。

駆け出しのころ役立ったアドバイスは？
エリカ：友だちに、クレアと一緒に思い切ってこのビジネスを始めることにしたと言ったら、たとえ失敗してもあなたの履歴に箔がつくよって言ってくれた。独立する気概のある人は尊敬されるから、立派な経歴になるって。

仕事場のお気に入りポイントは？
クレア：壁と、大きな家具と、つくりつけの家具と、白を基調にしているところ。

クレア（左）とエリカ

このスペースにはどんなかわいいものを持ちこんでも、主張しすぎたり視界がごちゃごちゃしたりしない。製品やサンプルや芸術作品やモノがたくさんあるけど、散らかっている感じも圧迫感も全然ない。

夜眠れなくなるような不安や悩みはある?

クレア:自分が経営者としてちゃんとやれているか、悩みっぱなし。高校時代に生徒会の会長に選ばれたときは「やった! 私は生まれながらのリーダーよ、まかせてちょうだい」と思ったけど、今から見れば笑っちゃう。リーダーを務めるって難しい大役よ。私はかなり情緒的で、ほかの人たちの思惑をあれこれ考えて気にしがちなの。もちろん、そのおかげで状況によってはよい経営者になれるんだけど、気遣いにこれほど時間をかけなければもっと仕事ができるのでは?　と思うことが多い。ミンディ・ケイリング(女優・作家)のインタビューを読んでいたら、「部下が自分についてどう思っているか気にしない女性上司がすごく参考になった」と言ってた。そういうところ、私にはまったくないなって思ったのを覚えてる。

ミスから学んで成功につながったことはある?

エリカ:2010年にニューヨークでネットビジネスを始めたときは、ふたりともすごくプレッシャーを感じていた。いっぱしの企業として経営しなくちゃと思って、出資者を探したり、右肩上がりの急成長をめざしたりしたの。時間もエネルギーもお金もつぎこんだわ。でも、自分たちが本当に得意なことをし、その得意なことを意味のある形にしていけるようになったのは、それを手放してからなの。

経営して得た最大の教訓は?

エリカ:まだありもしない問題を解決しようとしてはいけない。「もしこうなった

ら……」なんて考えだしたら、いま起きていることに割く時間やエネルギーがなくなっちゃう。「橋を渡るのは橋のたもとに着いてからにしよう」という考え方ができるようになったら、すごく楽になったわ。それがいつも簡単にできてるとは言わないけど(できてないかも)。

**自分らしく好きなことをしようと
奮い立たせてくれる座右の銘は?**

エリカ:やる気を起こさせてくれるならこれをおいてほかにない。『フライデー・ナイト・ライツ』[訳注:高校フットボールを題材にしたドラマ]のテイラー監督の言葉。「勝負に出た自分を責めるな」

仕事で経験した最大の成功や誇りは?

エリカ:クレアと築いたビジネス上のパートナーシップが大きな誇り。彼女とは一緒に仕事を始める10年近く前から友だちだったけど、ビジネスパートナーとしての関係を築くのには大変な努力がいったわ――結婚みたいなものよ。5年やって、こんなに変わったという部分、変わらないままの部分を思うと感慨深いわ。

世の中にもっとあってほしいものは?

エリカ:もっとときめきを!　私たちの会社「オブ・ア・カインド」では、ネガティブになるな、というかなり厳しい掟があるの。「好き」を極めるプロになりたい。

憧れの、あるいは尊敬する女性は誰?

クレア:母よ。母は科学者で企業の経営幹部なの。子どものころから、男性中心の業界で成功して、部下のほとんどが男性だってことは何となく理解してた。うちにいてくれたらいいのにと思うより(友だちのママのほとんどは働いてなかったけど)、すごいママを自慢に思うことのほうがずっと多かったわ。

> 「自分がやりたいことと
> 世の中でいちばん
> 変えたいことを
> ミックスさせよう」

キャスリーン・ハンナ

アーティスト、ミュージシャン
(ニューヨーク州ニューヨーク)

子どものころの夢は？
12歳ごろ適職テストを受けたの。得点から私の性格に合っている職業のトップ3がわかるってやつ。絶対忘れないわ。1位がダンサー、2位がミュージシャン、3位がインテリアデザイナーだった。不思議なことに結局3つ全部やってるのよね。ミュージシャン、ダンサー（ストリップもダンスに入るでしょ？）、インテリアデザインもパーソンズ［訳注：パーソンズ・スクール・オブ・デザイン］に入って勉強したし。今のところそこでの勉強は、舞台セットのデザインと、たまに思いついたプロジェクトにしか活かせてないけど。

クリエイティブの世界にいる女性のどんなところに憧れる？
真摯な批判と意地悪な攻撃の違いがわかる能力。

あなたにとって成功とは？
私の曲でフェミニズムに関心を持つようになったとか、性的虐待に立ち向かえるようになった、と人から言われること。

仕事場のお気に入りポイントは？
ドアを閉めて鍵をかけたら、こっちに広がる美しき混沌はすべて私のものだって

こと！

キャリアや仕事のために払った最大の犠牲は？
あからさまだったり陰湿だったりする性差別的な言動に耐えなきゃならないこと。常に声のコンディションをベストに保たなければならないこと。ツアー中は愛する人たちと離ればなれになること。

夜眠れなくなるような不安や悩みはある？
特定のブランドのように扱われるのは嫌いだけど、一部からそう思われているのをうまくやりすごして、プラスにしようとしているわ。

自信をなくしたり逆境に陥ったときの立ち直り法は？
日記を書いて、自分のやったすごいことを自慢する。

自分らしく好きなことをしようと奮い立たせてくれる座右の銘は？
「人気というものは過大評価されている」

自分の性格でいちばん自慢できるところは？
つらい出来事を逆手にとれるだけでなく、それを糧に成功して、高校時代の私をいいようにしたやつらに見せつけてやれるところ。

あなたのモットーは？
「自分がやりたいことと世の中でいちばん変えたいことをミックスさせよう」

世の中にもっとあってほしいものは？減ってほしいものは？
貧しい暮らしをしている人たちにもっと食べ物と住居を提供して、社会変革や創作活動に参加できるようにするべき。ウォール街の犯罪者たちが醜い豪邸を建てるのは、もううんざりよ。

10〜20年前の自分に教えてあげたいことは？
人を助ける前に、まず自分の酸素マスクをつけなさい。

「私には、
どんなスランプにも対応した
プレイリストがあるの」

セイディ・
バーネット

アーティスト
(ニューヨーク州ニューヨーク)

子どものころの夢は?
たしか作家になりたかったんじゃないかな。でも私の頭の中では作家と探偵がごっちゃになってたと思う。ブリーフケースを持ってる職業。あと、何か王冠をかぶってるイメージがあったな。

駆け出しのころ役立ったアドバイスは?
大好きなアーティストで、
私のメンターでもある
アンドレア・バワーズが
言ってくれたの。
「何があろうとひたすら
つくりつづけなさい」って。

仕事で経験した最大の成功や誇りは?
2015年に、スタジオ・ミュージアム・イン・ハーレムに招聘されるアーティストに選ばれて、そこに滞在しながら作品を制作したこと。これは、1968年にできた制度で、伝統とエネルギーと情熱が連綿と受け継がれてきたすばらしいプログラム。その歴史の一部になれたのは、とても光栄だった。

自分でビジネスを始めて得た最大の教訓は?
すべてはアイデア次第。
アイデアからさらに
アイデアが生まれてくる。

ミスから学んで成功につながったことはある?
高校のとき、自分は従来の学校というシステムの枠の中では「成功」できないと気づいた。で、一部の授業に出なくなって、そのままでは卒業も危うくなった。それから自主学習プログラムに移って、空いた時間はずっと高校の小さな暗室で過ごしたの。その暗室で写真に目覚めて、結果的にちゃんと卒業して大学に進もうという動機ができた。当時はストレスでいっぱいだったけど（きっと母は私以上にストレスを感じてたわよね）、従来型の高校にはどうしてもなじめなかったし、大人になるには別の道もあるはずだって心のどこかでわかってた。実際、カリフォルニア芸術大学に入ってみたら、自分じゃなくてシステムのほうがおかしかったとわかった。同じ経験をして新しい学び方、自分の得意分野を知る方法を切り拓こうとした人たちが、世の中にはごまんといるってことも。

**インスピレーションが必要なときや、
スランプから脱出したいときの特効薬は?**
音楽! 音楽を浴びるように聴く……私には、どんなスランプにも対応したプレイリストがあるの。

憧れの、あるいは尊敬する女性は誰?
デスティニー・アーツ・センターの創設者、サラ・クロウウェルとケイト・ホップス。

「コミュニティの一員に
なるって大切ね」

アニタ・
ロー

シェフ、レストラン経営者
(ニューヨーク州ニューヨーク)

子どものころの夢は？
小さいころは母のようにお医者さんになりたかった。その後はピアニストに（でも、覚悟と才能が足りなかったの）。

**駆け出しのころ役立った
（または無視して正解だった）アドバイスは？**
有名なシェフ、デイヴィッド・ウォルタックからの「自分の店は持つな」というアドバイス。今でもありがたいアドバイスだと思っていて、うちの料理人たちにも伝えてますよ。厳しいビジネスですから。でもその一方では、アドバイスを無視してよかったとも思っている。このビジネスに入るのは、やむにやまれぬ情熱がある場合だけにすべきね。

仕事場のお気に入りポイントは？
小さいところ。これが、最高の質の料理を提供するには理想的な規模なの。

起業で払った最大の犠牲は？
難しい質問ね。レストランの開業にはたくさんの血と汗と涙を伴う。少なくとも1年間は人付き合いを一切できない。ストレスも責任も並大抵じゃないわ。私も数年間は無給で長時間労働だったし、その後の数年間も給料は雀の涙だった。でも楽しくてしかたなくて、最高にやりがいがあったわ。

あなたにとって成功とは？
スタッフが健康で
幸せでいてくれること。
お客様が感動して
幸せになってくださること。
それから、
バランスのとれた人生。

自分で経営して得た最大の教訓は？
約束は控えめにして、期待以上のものを提供するということ。

**自信をなくしたり逆境に陥ったときの
立ち直り法は？**
優秀な女性シェフの仲間がいて、とても支えられています。コミュニティの一員になるって大切ね。

**自分らしく好きなことをしようと
奮い立たせてくれる座右の銘は？**
「食は人と人を結びつける」

仕事で経験した最大の成功や誇りは？
2009年に私の店が火災で全焼したの。保険が下りて賃貸を再交渉し、内装の修復が終わるまでに9カ月かかった。それだけ長い空白期間があったにもかかわらず、23人いた従業員の1人をのぞいて、全員が戻ってきてくれたのよ（戻らなかった1人は、空白期間中に支配人の職を得ていたから）。

**世の中にもっとあってほしいものは？
減ってほしいものは？**
高級料理の世界で、自分のお店を持つ女性シェフが増えてほしい。異文化の食の食わず嫌いは減ってほしいわ。

**長い1日の仕事を終え、
家に帰ってからの楽しみは？**
パートナーと、2匹のシーズー犬と猫。

「自分を頼りにしているのが、いちばんの誇りよ。昔からずっと『やり方さえ覚えれば何でもできるようになる』と思ってきた」

アリエル・アラスコ

木工作家
(ニューヨーク州クイーンズ)

子どものころの夢は?
子どものときは馬術の障害飛越の選手、その後しばらくスピードスケートのオリンピック選手。でも、何かのアーティストになるという予感もずっとあったわ。

駆け出しのころ役立ったアドバイスは?
「ノーと言うのを恐れるな」。「ノー」はおおいに言うべき。私のキャリアで最高の転機は、次が決まっていなくても、やりたいと思えなかったことは辞めた(ノーと言った)のがきっかけ。愛情や熱意を感じられないことはするな、関心がないと相手に伝えるのを悪いと思うな、というのがこの言葉の真意だと思う。

仕事場のお気に入りは何?
なんといっても窓。最近、二面に窓がある角部屋のアトリエをついに見つけて引っ越した。隙間風の入る大きな、古びた網入りガラスの窓だけど。美しい光が部屋の隅々まで差して、一日中明るいの。

自分でビジネスを始めて得た最大の教訓は?
独立したばかりのときは、よく言われるとおり、どんな注文にも応じなければい

けないと思っていたけど、そのうち、まるでひとりの工場みたいになって、ちっとも楽しくなくなった。そんなある日、どこの事業計画に従う必要もないと気づいて、自分がつくりたいようにつくりはじめた。その方針に変えてからも、お客様の多くは満足してくれた。ストレスが大幅に減ったし、退屈もしなくなったわ。

ミスから学んで成功につながったことはある？
私や友人の作品をそっくりまねた商品を見つけたときは腹が立つ。そこから学んだ最大の教訓は、見ないようにすること。相手にする値打ちもないことに落ちこんだり動揺したりするのはばからしいでしょ。フォローしている人以外のインスタグラムも見ない。たまに本気でアプリを削除して、図書館で借りたアートブックをめくっていた昔に戻ろうかとも思うわ。

自分を守ることにとらわれてしまうのは簡単だけど、私は人より先を行き、振り返らないことを学んだの。

自分らしく好きなことをしようと奮い立たせてくれる座右の銘は？
「そのまま行け」

自分の性格でいちばん自慢できるところは？
自分を頼りにしているのが、いちばんの誇りよ。昔からずっと『やり方さえ覚えれば何でもできるようになる』と思ってきた。いまだに従業員を雇わないのも、全工程を自分でやりたいから。しんどくてつらい繰り返しの部分も含めて。そこまで頑固でなくても、って思われるだろうけど、そこが誇りなの！ 自分の足で立ってる感じがして幸せなのよ。

本書に登場した
女性たち
（50音順）

アーティ・セクエイラ　Aarti Sequeira（335p）
シェフ、ウェブ番組『Aarti Paarti』司会者
aartipaarti.com

アイリーン・フィッシャー　Eileen Fisher（254p）
ファッションデザイナー、Eileen Fisher, Inc.創業者
eileenfisher.com

アシュレー・C・フォード　Ashley C. Ford（313p）
ライター
ashleycford.net

アナ・セラーノ　Ana Serrano（251p）
アーティスト
anaserrano.com

アナ・ヒエロニマス　Anna Hieronimus（68p）
レストラン経営者、Take Root 共同オーナー
take-root.com

アナ・ボンド　Anna Bond（244p）
アーティスト、デザイナー Rifle Paper Co.創業者兼
クリエイティブ・ディレクター
anna-bond.com

アニシュカ・クラーク　Anishka Clarke（321p）
インテリアデザイナー、
Ishka Designs 共同オーナー
ishkadesigns.com

アニタ・ロー　Anita Lo（346p）
シェフ、レストラン経営者
founder of Annisa 創業者
annisarestaurant.com

アビ・ジェイコブソン　Abbi Jacobson（225p）
作家、イラストレーター、俳優、コメディアン
Comedy Central『Broad City』共同製作者
cargocollective.com/abbij

アマダ・クルーズ　Amada Cruz（136p）
The Phoenix Art Museum 館長
phxart.org

アマリア・メサ＝ベインズ　Amalia Mesa-Bains
（49p）　アーティスト、キュレーター、
Ceremony of Memory: Contemporary Hispanic Spiritual and Ceremonial Art 著者

アミーナ・ムッチオーロ　Amina Mucciolo（127p）
デザイナー、Studio Mucci 創業者、アーティスト
bystudiomucci.com

アユミ・ホリエ　Ayumi Horie（288p）
陶芸家、Ayumi Horie Pottery 創業者
ayumihorie.com

アリエル・アラスコ　Ariele Alasko（349p）
木工作家、家具デザイナー
arielealasko.com

アリス・ランドール　Alice Randall（241p）
食の活動家
Soul Food Love: Healthy Recipes Inspired by One Hundred Years of Cooking in a Black Family 共著者
alicerandall.com

イッサ・レイ　Issa Rae（134p）
ディレクター、俳優、
The Misadventures of Awkward Black Girl 著者、
同タイトルのウェブシリーズのクリエイター
issarae.com

ヴェロニカ・コーゾ・デュカート
Veronica Corzo-Duchardt（221p）
グラフィックデザイナー、Winterbureau 創設者
winterbureau.com

ウェンディ・マルヤマ　Wendy Maruyama（196p）
家具デザイナー、彫刻家、アーティスト
wendymaruyama.com

エリカ・セルーロ　Erica Cerulo（338p）
ファッション起業家、Of a Kind 創業者
ofakind.com

エリーズ・コーナック　Elise Kornack（68p）
シェフ、レストラン経営者
Take Root 共同オーナー
take-root.com

オリンピア・ザニョーリ　Olimpia Zagnoli（113p）
イラストレーター
olimpiazagnoli.com

カーソン・エリス　Carson Ellis（307p）
アーティスト、イラストレーター、
『わたしのいえ』（偕成社）著者
The Wildwood Chronicles 共著者
carsonellis.com

カーメン・アルゴーテ　Carmen Argote（324p）
アーティスト
carmenargote.com

カーラ・フェルナンデス　Carla Fernández（62p）
デザイナー
Carla Fernández クリエイティブ・ディレクター兼
共同創業者
carlafernandez.com

カーラ・ホール　Carla Hall（166p）
シェフ、ABC『The Chew』共同司会者、
Cooking with Love: Comfort Food That Hugs You お
よび *Carla's Comfort Foods: Favorite Dishes from
Around the World* 著者、
Carla Hall's Southern Kitchen 創業者
carlahall.com

カレン・ヤング　Karen Young（76p）
プロダクトデザイナー、
Hammocks & High Tea 創業者
twitter.com/hammockshightea

キャスリーン・ハンナ　Kathleen Hanna（342p）
シンガー・ソングライター、活動家、
Bikini Kill と Le Tigre の元リードボーカル、
the Julie Ruin メンバー
kathleenhanna.com

キャメロン・エスポジート　Cameron Esposito
（119p）　コメディアン、俳優
cameronesposito.com

キャリー・ブラウンスタイン　Carrie Brownstein
（211p）　ギタリスト、
Sleater-Kinney のシンガー・ソングライター、
IFC『Portlandia』共同製作者、
Hunger Makes Me a Modern Girl: A Memoir 著者、
俳優
carriebrownstein.com

キャロライン・ランドール＝ウィリアムズ
Caroline Randall-Williams（241p）
食の活動家、
*Soul Food Love: Healthy Recipes Inspired by One
Hundred Years of Cooking in a Black Family* 共著者
soulfoodlove.com

キャロリーナ・イベイド　Carolina Ebeid（153p）
詩人、編集者
carolinaebeid.com

クランシー・ミラー　Klancy Miller（200p）
シェフ、
Cooking Solo: The Joy of Cooking for Yourself 著者
klancy.tumblr.com

クリスティ・ターリントン・バーンズ
Christy Turlington Burns（105p）
活動家、モデル、Every Mother Counts 創設者
everymothercounts.org

クリスティーナ・ギル　Kristina Gill（296p）
開発アドバイザー、フードエディター、
フォトグラファー
www.kristinagill.com

クリスティーナ・ランヘル　Cristina Rangel（62p）
デザイナー、Carla Fernández 共同創業者、美容家
carlafernandez.com

クリスティーン・シュミット　Christine Schmidt
（80p）
文房具・紙製品デザイナー、アーティスト、
Yellow Owl Workshop オーナー
yellowowlworkshop.com

クレア・メイザー　Claire Mazur（338p）
ファッション起業家、Of a Kind 創業者
ofakind.com

ケイト・ボーンスタイン　Kate Bornstein（73p）
パフォーミングアーティスト、ジェンダー理論家、
活動家、『隠されたジェンダー』（新水社）著者
katebornstein.typepad.com

ゴーリ・ナンダ　Gauri Nanda（90p）
プロダクトデザイナー、
Nanda Home and Toymail Co.創業者
nandahome.com

サイ・ラウズ　Cy Lauz（42p）
デザイナー、Chrysalis Lingerie 創業者
chrysalislingerie.com

サミン・ノースラット　Samin Nosrat（65p）
シェフ、*Salt, Fat, Acid, Heat: The Four Elements of
Good Cooking* 著者
ciaosamin.com

サラ・ニューバーガー　Sarah Neuburger（87p）
デザイナー、Small Object 創業者、アーティスト
thesmallobject.com

シーラ・ブリッジズ　Sheila Bridges（283p）
インテリアデザイナー、
Sheila Bridges Design, Inc.創業者
sheilabridges.com

ジェシカ・マルケス　Jessica Marquez（316p）
クラフト作家、Miniature Rhino 創業者
miniaturerhino.blogspot.com

ジェニー・ジウン・リー　Jennie Jieun Lee（302p）
陶芸家
jenniejieunlee.com

ジェネヴィーヴ・ゴーダー　Genevieve Gorder
（58p）　インテリアデザイナー、
HGTV『Dear Genevieve and Genevieve's Renovation』
司会者
genevievegorder.com

シェリル・デイ　Cheryl Day（53p）
Back in the Day Bakery 共同オーナー、
The Back in the Day Bakery Cookbook 共著者
backinthedaybakery.com

シズ・サルダマンド　Shizu Saldamando（107p）
アーティスト
shizusaldamando.com

シベラ・コート　Sibella Court（188p）
インテリアデザイナー、スタイリスト、作家
thesocietyinc.com.au

ジャシカ・ニコル　Jasika Nicole（257p）
俳優、家具作家、イラストレーター、裁縫師
jasikanicole.com

ジャスティナ・ブレイクニー　Justina Blakeney
（128p）　デザイナー、ブロガー、アーティスト、
『ボヘミアンスタイルのインテリア』（エクスナレッジ）著者
justinablakeney.com

ジャスミン・ライト　Jasmine Wright（101p）
タトゥーアーティスト
instagram.com/imbusy666

シャディ・ペトスキー　Shadi Petosky（122p）
PUNY Entertainment 創業者
Amazon『Danger & Eggs』ショーランナー兼エグゼクティブ・プロデューサー、作家
punyentertainment.com

シャナン・カンパナーロ　Shanan Campanaro
（159p）　テキスタイルデザイナー、
Eskayel 創業者
eskayel.com

ジャネット・モック　Janet Mock（57p）
Redefining Realness: My Path to Womanhood, Identity, Love & So Much More 著者、
MSNBC『So Popular！』司会者
janetmock.com

ジュリア・ターシェン　Julia Turshen（179p）
料理書著者、レシピ開発者、
Small Victories: Recipes, Advice + Hundreds of Ideas for Home Cooking Triumphs 著者
juliaturshen.com

ジョアナ・アヴィレス　Joana Avillez（237p）
イラストレーター
joanaavillez.com

ジュリア・ロスマン　Julia Rothman（228p）
イラストレーター
Nature Anatomy: The Curious Parts and Pieces of the Natural World および *Farm Anatomy: The Curious Parts and Pieces of Country Life* 著者
juliarothman.com

ジョイ・チョウ　Joy Cho（272p）
デザイナー、『Oh Joy！』ブロガー
ohjoy.com

ジョディ・パターソン　Jodie Patterson（30p）
美容家、DOOBOP と Georgia 共同創業者
twitter.com/jodie_GeorgiaNY

ジョナ・トゥイッグ　Jonna Twigg（308p）
造本家、Twiggs Bindery 創業者
twiggsbindery.com

セイディ・バーネット　Sadie Barnette（345p）
アーティスト
sadiebarnette.com

セルマ・ゴールデン　Thelma Golden（39p）
The Studio Museum in Harlem 館長、キュレーター
Studiomuseum.org

ダイアナ・イェン　Diana Yen（299p）
フードスタイリスト、
the Jewels of New York 創業者、
A Simple Feast: A Year of Stories and Recipes to Savor and Share 著者
thejewelsofny.com

タヴィ・ゲヴィンソン　Tavi Gevinson（20p）
ライター、『Rookie magazine』創刊者、編集長
rookiemag.com

タオ・グェン　Thao Nguyen（110p）
ソングライター
Thao & the Get Down Stay Down 創設者
thaoandthegetdownstaydown.com

ダナ・タナマチ　Dana Tanamachi（203p）
グラフィックデザイナー、
Tanamachi Studio 創業者、
danatanamachi.com

ダニエル・コールディング　Danielle Colding
（11p）　インテリアデザイナー、
Danielle Colding Design, Inc.創業者
dcdny.com

ダニエル・ヘンダーソン　Danielle Henderson
（233p）　ライター、編集者、
Feminist Ryan Gosling: Feminist Theory (as Imagined) from Your Favorite Sensitive Movie Dude 著者
daniellehenderson.net

タニア・アギニガ　Tanya Aguiñiga（15p）
家具デザイナー、家具職人
tanyaaguiniga.com

ティナ・ロス・アイゼンバーグ　Tina Roth Eisenberg（284p）
デザイナー、実業家、swissmiss、
CreativeMornings、Tattly 創業者
swiss-miss.com

デジレ・アカヴァン　Desiree Akhavan（98p）
作家、俳優、映画製作者
映画『Appropriate Behavior』監督
twitter.com/desimakesmovies

テタ・ゴルゴーニ　Teta Gorgoni（18p）
ファッションデザイナー、
Royal Jelly Harlem 共同オーナー
royaljellyharlem.com

デビー・ミルマン　Debbie Millman（206p）
ポッドキャスト『Design Matters』司会者、
『Print magazine』誌編集長、
the School of Visual Arts 講師、作家、アーティスト
debbiemillman.com

ドミニク・ブラウニング　Dominique Browning
（249p）　Moms Clean Air Force 共同創設者兼
シニアディレクター、活動家、
『House & Garden』元編集長、
Slow Love: How I Lost My Job, Put on My Pajamas,
and Found Happiness 著者
dominiquebrowning.com

ナタリー・チャニン　Natalie Chanin（330p）
ファッションデザイナー、Alabama Chanin 創業者
alabamachanin.com

ニーコ・ケイス　Neko Case（187p）
The New Pornographers のシンガー・ソングライ
ター
nekocase.com

ニッキ・ジョヴァンニ　Nikki Giovanni（155p）
詩人、大学教授、著書 30 冊以上の作家
nikki-giovanni.com

ハナ・ゲタッチュー　Hana Getachew（115p）
テキスタイルデザイナー、
Bolé Road Textiles 創業者
boleroadtextiles.com

ピン・ズー　Ping Zhu（212p）
イラストレーター、アーティスト
pingszoo.com

フェイ・アンドラーダ　Fay Andrada（145p）
ジュエリーデザイナー、Fay Andrada 創業者
fayandrada.com

フランセス・パーマー　Frances Palmer（148p）
陶芸家、Frances Palmer Pottery 創業者
francespalmerpottery.com

プリーティ・ミストリー　Preeti Mistry（27p）
シェフ、Juhu Beach Club オーナー
juhubeachclub.com

ベサニー・イエローテイル　Bethany Yellowtail
（277p）
ファッションデザイナー、B.Yellowtail 創業者
byellowtail.com

ホーピー・ストックマン　Hopie Stockman（183p）
テキスタイルデザイナー、
Block Shop Textiles 共同創業者
blockshoptextiles.com

マイラ・カルマン　Maira Kalman（191p）
イラストレーター、The Elements of Style、『しょう
ぼうていハーヴィ　ニューヨークをまもる』（リト
ル・ドッグ・プレス）挿絵担当、作家
mairakalman.com

マティカ・ウィルバー　Matika Wilbur（327p）
フォトグラファー、
ドキュメンタリー『Project 562』制作者
matikawilbur.com

マヤ・ゴルゴーニ　Maya Gorgoni（18p）
ファッションデザイナー、
Royal Jelly Harlem 共同オーナー
royaljellyharlem.com

マヤ・リン　Maya Lin（133p）
建築家、ワシントン DC の The Vietnam Veterans
Memorial、
ニューヨーク、ハドソン・バレーの Storm King Art
Center にある Storm King Wavefield 設計者
mayalin.com

マリアム・パレ　Mariam Paré（174p）
アーティスト、講演家、デザイナー
mariampare.com

マルティーヌ・ローズ　Martine Rose（142p）
ファッションデザイナー、Martine-Rose 創業者
martine-rose.com

マレーネ・バーネット　Malene Barnett（50p）
テキスタイルデザイナー、Malene B 創業者、社長、
デザイン・ディレクター
maleneb.com

ミコ・ブランチ　Miko Branch（180p）
美容家、Miss Jessie's Salon 共同創業者、
CEO 兼クリエイティブ・ディレクター
missjessies.com

ミシェル・クアン　Michele Quan（23p）
陶芸家、MQuan 創業者
mquan.com

メアリー・ゴーイング　Mary Going（95p）
ファッションデザイナー、Saint Harridan オーナー
saintharridan.com

メアリー・ヴァーディ・フレッチャー
Mary Verdi-Fletcher（260p）
ダンサー、振付師、
Dancing Wheels Company & School 創立者
dancingwheels.org

メアリー・ランバート　Mary Lambert（269p）
シンガー・ソングライター
marylambertsings.com

メリッサ・ハリス＝ペリー　Melissa Harris-Perry
（293p）　大学教授（ウェイクフォレスト大学マヤ・
アンジェロウ寄付講座担当）、ジャーナリスト、
*Sister Citizen: Shame, Stereotypes, and Black Women in
America* 著者
melissaharrisperry.com

ランディ・ブルックマン・ハリス
Randi Brookman Harris（263p）
空間コーディネーター、
クリエイティブ・ディレクター
brookmanharris.com

リサ・ハント　Lisa Hunt（45p）
デザイナー、Lisa Hunt Creative 創業者
lisahuntcreative.com

リサ・フォラウィヨ　Lisa Folawiyo（102p）
ファッションデザイナー、Lisa Folawiyo 創業者
lisafolawiyo.com

リズ・ランバート　Liz Lambert（139p）
ホテル経営者、The Bunkhouse Group 創業者
bunkhousegroup.com

リゾ　Lizzo（156p）
シンガー・ソングライター、パフォーマー
lizzomusic.com

リリー・ストックマン　Lily Stockman（183p）
テキスタイルデザイナー、
Block Shop Textiles 共同創業者
blockshoptextiles.com

リュバヴ・チョイ・デュエア　Llubav Choy Duerr
（266p）　アーティスト、イラストレーター
llubav.com

リン・アレン　Rinne Allen（278p）
フォトグラファー、アーティスト、
Beauty Everyday: A Year of Southern Beauty 著者
rinneallen.com

リンダ・ロダン　Linda Rodin（35p）
スタイリスト、Rodin Olio Lusso 創業者
oliolusso.com

ルイーズ・フィリ　Louise Fili（171p）
グラフィックデザイナー、Louise Fili Ltd 創業者
louisefili.com

レベッカ・ウッド　Rebecca Wood（163p）
陶芸家、r.wood studio 創業者
rwoodstudio.com

ローラ・ジェーン・グレース　Laura Jane Grace
（216p）　ソングライター、
Against Me!のリードボーカル・ギタリスト
againstme.net

ローナ・シンプソン　Lorna Simpson（199p）
フォトグラファー
lsimpsonstudio.com

ロクサーヌ・ゲイ　Roxane Gay（85p）
作家、大学教授、
『バッド・フェミニスト』（亜紀書房）著者
roxanegay.com

写真提供
クレジット

以下の写真を除く主な撮影者は Sasha Israel。

Chloe Aftel: Page 343
Rinne Allen: Pages 52–53, 55, 86–87, 162–63, 165, 278–79,
280, 281, 331, 332, and 333
Jessica Bennett: Pages 245, 246, and 247
Christopher Bonney: Page 154
Annabel Braithwaite and Dorothée Brand: Pages 56 and 306
Roger Davies: Page 210
echo and earl: Pages 100, 106, 108, 109, 128–29, 130, 276, 334–35, and 336
Kirsten Ellis: Page 152
Kristina Gill: Page 297
Christian Harder: Pages 248 and 268–69
David Harrison: Page 197
India Hobson: Page 99
Ana Hop: Page 63
Sarah Hrudka: Pages 122–23, 125, and 157
Rick Levinson: Page 186
William Meppem: Page 189
The Oberports: Page 240
Lakin Ogunbanwo: Page 103
Aubrie Pick: Page 48
Anjali Pinto: Page 220
Robin Roemer: Pages 84 and 135
Anisa Rrapaj: Page 261
Michelle Smith: Pages 292–93
Alexandra Valenti: Pages 138–39
Lisa Warninger: Pages 136–37
Christina Wehbe: Pages 174–75
Matika Wilbur: Page 326
Michael Wilson: Pages 288–89
Claudia Zalla: Page 112

謝辞

「子育ては共同事業」というけれど、この本づくりもそうだった。魅力的な女性たちの姿を本にできたのは、ひとえに出版社アーティザン代表、リア・ロネンのおかげ。また、本書に登場する人を私につないでくれた女性——カリ・スチュアート、エリン・アボット・カークパトリック、クリスティ・ペッサーニョ、サマンサ・ハーンにも感謝を。ショシャナ・グトメイジャー、シビル・ケイズロイド、アリソン・マクギホン、ミシェル・イシェイ＝コーヘン、レナータ・ディ＝ビアセ、ナンシー・マレー、ムーラ・ドミンコ、それに本書の誕生を助けてくれたアーティザン社と、ジュディ・リンデン、クリスティーン・ラガサにも。

ケリ・ケラー、あなたの努力と粘りと愛がなければ本書は生まれなかった。サシャ・イスラエル、あなたへは感謝の言葉が見つからない。あなたは毎回撮影を楽しくし、みんなを（カメラの後ろの人も）くつろがせてくれた。そのうえ仕上がった写真は私の想像をはるかに超えていた。あなたは天からの贈り物ね。

Design*Sponge メンバーにも感謝！　みんながいてくれて私は幸せ者よ。それから両親。パパ、撮影に参加してくれてありがとう。義父母の惜しみない知恵とアドバイスにも感謝してます。

ジュリア、ホープ、ウィンキー、ターク。いつも一緒にいてくれてありがとう。家族の愛は、私が夢を描く力の源よ。

そして最後に、本書に登場したすべての女性に心からの感謝を。自宅やアトリエを開放してくださったご家族の皆さん、それからペットたち（写真左）にも。

どの女性の言葉も、私に尽きることのない刺激を与えてくれた。読者の皆さんが同じ感動を味わう日が待ち遠しい。

359

グレース・ボニー　Grace Bonney
雑誌編集者を経て、2004年にクリエイター向けのウェブサイトDesign*Spongeを開設。現在では、日に150万人以上もの読者が訪れる。また、クリエイター向けの無料ビジネスコラムを執筆、週刊ラジオ番組のホストも務める。新進気鋭のデザイナーのための奨学金も運営中。初めての著書『世界の楽しいインテリア』（エクスナレッジ）は全米ベストセラーになった。パートナーの女性、3匹のペットとともに、ニューヨークのハドソンバレー在住。

訳者
月谷真紀　Tsukitani Maki
翻訳家。上智大学文学部卒。訳書に『Learn Better──頭の使い方が変わり、学びが深まる6つのステップ』（英治出版）、『デジタルエコノミーはいかにして道を誤るか』（東洋経済新報社）、『図説世界史を変えた50の指導者』（原書房）など多数。